农民工
职业教育培训研究

凌子山 著

NONGMINGONG
ZHIYE JIAOYU PEIXUN YANJIU

暨南大学出版社
JINAN UNIVERSITY PRESS

中国·广州

自　序

　　20 世纪 70 年代末以来，中国农村联产承包责任制在全国范围内逐步推行，使农村生产力得到了巨大释放，农村大量剩余劳动力不断涌向城市积极寻找改善生活的机会，中国经济巨大的产业优势逐渐形成，人口红利效应逐步显现。农民工群体是新中国成立以来用农业积累支持城市工业化建设的自然延伸，农民工为中国经济三十多年高速发展作出了不可磨灭的贡献。作为我国经济建设进程中新的生产力，农民工在我国经济发展中的地位和作用日益重要。截至 2013 年，据不完全统计，全国已形成了一个 2 亿多人的庞大农民工社会群体。

　　随着我国经济的飞速发展，农民工作为城市中的产业工人，他们对经济增长贡献巨大，却不能公平享受经济增长带来的诸如教育、社保、就业、住房等一系列红利，同时还存在政治参与意识淡薄、经济利益表达机制缺失、文化参与程度偏低、社会生活边缘化等诸多问题。与此同时，因为受我国特殊的城乡二元体制的束缚，一方面由于农民工普遍缺乏良好的职业教育，其自身职业技能难以适应产业升级要求，直接影响农民工个人收入的提高；另一方面农民工难以在生活、工作上融入城市，社会生活被边缘化或者被社会所淘汰。这些问题已经影响到社会的稳定和经济的可持续发展。随着经济发展方式转变、产业结构调整、技术革新步伐加快，劳动力供求不匹配的结构性矛盾越来越突出，"就业难"与"招工难"并存的现象愈加凸显，中国经济的滚滚车轮经过三十多年的超常规的高速发展，目前已经到了迫在眉睫的转型期。从国家人力资本的角度考虑，如何把作为产业工人的重要组成部分——农民工的职业教育迅速转化为知识资本，如何把经济发展产生的"人口红利"迅速转化为"人才红利"，是中国今后继续保持经济快速发展的国家战略性问题。围绕这一系列问题，政府机关、企业各界、学术领域等都作出了诸多的研究与实践，也取得了一定的成果。

从各类研究和实践均看出，社会各界在围绕农民工问题的研究中，普遍涉及两个重要的关键性问题，这也是由我国特殊的历史和特有的制度造成的：一是农民工城乡二元制问题，农民工户籍所在地为农村，而人自身则在城市从事各种城市建设工作，既不是城市中完全的产业工人，也不是传统意义上从事农业生产的农民；二是农民工普遍文化程度较低，农村教育落后导致农民工进城前一般受教育程度较低，而进城后又很难接受正规化、专业性的职业技能教育，这种教育背景决定了农民工只能从事简单的劳动密集型的工作，领取较低的报酬，自身职业技能水平已经严重影响了其收入的提高。而这两个关键性的问题都触及国家的根本制度层面，需要在框架层面取得突破才能解决。随着中国经济改革发展到了历史性的紧要关头，党的十八届三中全会完成了中国经济发展的"顶层设计"。其中，为加速城镇化、城乡一体化进程，一系列涉及农民工和职业教育的文件逐步出台，如《国务院关于加快发展现代职业教育的决定》、《现代职业教育体系建设规划》，标志着让农民工走上历史舞台的"顶层设计"已经正式启动。

笔者在这样的大历史背景下，结合国家的"顶层设计"，通过引入公共产品理论和马斯洛的需求层次理论，对农民工职业教育培训这一准公共产品的性质进行分析，从而引申出农民工职业教育在经济发展进程中的战略地位，政府在农民工职业教育培训领域的主导责任等问题。笔者采用问卷调查和深度访谈的方法，全面了解了广州地区农民工职业教育培训的现状，同时结合马斯洛的需求层次理论构建了农民工职业教育培训的需求层次，并通过统计数据分析影响农民工职业教育培训的相关因素，例如农民工的年龄层次、学历、收入、职位、职业发展预期、留城倾向等，以及农民工职业教育培训的效应。最后，针对农民工职业教育培训的制约因素，围绕职业教育的战略作用，在国家顶层设计方案、政策法规、财政保障、宣传教育、培训模式、教育内容等方面，提出了加强农民工职业教育培训的措施，从而为广州市政府乃至全国范围内改善农民工职业教育培训提供借鉴和参考。

凌子山

2015 年 3 月

目 录
>> CONTENTS

1 绪 论

1.1 研究背景与意义

1.1.1 研究背景

自 18 世纪末开始，主要资本主义国家如英国、法国、德国、美国、日本等相继发生了工业革命，工业革命所带来的一系列改变影响了社会发展的进程，如工业产业的出现、人口的不断聚集、城市化进程的加快等。因此，这些国家在极短时间内通过主动或者自然的方式促使大批农村劳动力进入城市。而农村劳动力进入城市后，为了适应城市工业化的要求，各行业的职业技能培训成为一个亟待解决的社会问题。这些国家的政府很早就发现了这一问题，十分重视人力资本的投资，并且通过政府、政策、企业以及社会各方的力量推动职业教育的发展，使得专业化的产业工人队伍逐渐形成，蓝领工人普遍得到重视和尊重；与之形成对应的是，职业教育转化为知识资本后，这些资本主义国家的经济实现了快速的发展，工业基础基本搭建完毕，世界经济出现了新的格局。但是，针对农民工相关职业教育培训的研究则相对较晚，国外相关的研究主要是 20 世纪 40 年代的关于移徙工人权利的研究。

我国在 1979 年党的十一届三中全会后，随着农村联产承包责任制的施行，生产关系的转变使农村生产力得到巨大释放，同时也使得农村产生了大量的剩余劳动力，农村剩余劳动力纷纷涌向城市寻找新的赚钱机会。由于涌向城市的农民还不具备产业工人的职业技能，便纷纷涌入对职业技能要求相对较低的劳动密集型产业。为了发展出口导向型经济，中国以廉价劳动力、生产低端产品切入全球经济链条，逐渐发展出世界上最大的制造产能，并于世纪之交确立了"世界工厂"的地位。"世界工厂"在短期内提升了中国的国家经济实力。可以说，农民工对中国经济的快速增长作出了巨大的贡献，中国经济由此也产生了巨大的"人口红利"。

2012 年国家统计局网站公布的《2011 年我国农民工调查监测报告》指出，目前农民工人口比例已接近全国总人口的 20%，农民工人数已占产业工人的 2/3，农民工已经成为产业工人的主力军。在东部沿海城市这一比例更高。在农民工行业分布中，从事制造业的比重最大，占 36%，其次是建筑业占 17.7%，服务业占 12.2%，批发零售业占 10.1%，交通运输、仓储和物流业占 6.6%，住宿餐饮业占 5.3%。这支中国特殊阶段所特有的、快速形成的庞大的队伍，由于相关制度、设施等配套方面的严重不足，在"世界工厂"里辛苦劳动的同时也面临着困境，一方面农民工促进了中国经济的快速增长，但他们所从事的简单劳动造成个人收入偏低；另一方面由于产业的转型升级，企业缺少足够的中高级产业工人，形成了"民工荒"。而解决产业升级、城市化和工业化最直接的有效方式就是加快发展职业技能教育，实现农民工由农民身份向产业工人的真正转变；而对于整个国家和社会而言，人力资本投资是中国现阶段促进经济发展的加速器，是提升中国制造和中国创造的有力抓手，也是企业实现更高生产效率和利润率的着力点。

1.1.2 研究意义

1. 现实意义

2013 年 11 月 9 日至 12 日召开的中国共产党第十八届中央委员会第三次全体会议完成了加快国家城镇化进程，有序推进城乡一体化，破除城乡二元结构的顶层设计。这一重要定调，对于进一步加快工业化进程，推动产业转型升级，实现农民工向产业工人转型，进一步释放人口红利和制度红利具有巨大的作用，有利于推进我国经济持续稳定的发展和社会的持续稳定。城镇化的一个重要环节就是人的城镇化，而职业教育无疑是释放人口红利的重要抓手。

加快发展现代职业教育，使农民工尽快转化为中高级产业工人，在技能素质等方面，必须尽快适应转型升级的要求。这既可从根本上解决农民工的历史遗留问题，又是实现经济增长方式由"人口红利"向"人才红利"转变的重要途径，更是促进产业化升级，促进向高新技术转移，促进中国经济高质量、高速度发展的必经之路。

当务之急，应当加快农民工职业教育的脚步，转变经济增长方式，将现实中的农民工迅速转化为中高级产业工人，以适应当前产业转型升级的要求。

（1）农民工职业教育培训将使农民工转化为中高级技能产业工人，促进产业转型升级，这也是提高现实中农民工收入的一个非常重要的途径。而从根本上解决农民工问题在于使农民工快速市民化。提高农民工收入的关键在于就业，而就业问题的关键又在于其职业素质的高低，从这个意义上讲，本研究有助于提升广州地区农民工的市民权益。

（2）实践证明，农民工职业教育是国家战略，职业教育的主体必须是国家，职业教育成败的关键在于政府，作为准公共产品，政府对农民工职业教育培训应该承担重大责任，因此，本研究对明晰政府在农民工培训中的责任以及改变农民工职业教育培训现状中的"市场无利、企业无力、政府无为"的窘况有一定的针对性。

（3）农民工职业教育是我国制造业和服务业升级的必然要求和城市化的有机组成部分。近年沿海地区"民工荒"的大量出现表明，中国劳动力市场对劳动力的需求已经出现了从事劳动密集型产业的劳动者比例下降、对技术含量较高的劳动者需求大幅增加的新趋势，农民工作为我国劳动密集型产业的从业者，通过职业培训，向中高级技能产业工人转化，及时跟上制造业和服务业产业升级发展趋势，不仅事关中国工业现代化和城市化的进程，而且对农民工本身落户城市、适应城市生存和发展都有非常实在的意义。

（4）广东是中国改革开放的前沿阵地，同时也是全国农民工云集的地方，而广州作为广东的政治经济中心，制造业和服务业较为集中和发达，对农民工技能升级的迫切性尤为强烈，对农民工培训进行实证研究也有得天独厚的条件。因此，本课题研究能够为政府和社会以及相关教育产业制定农民工培训政策提出一些有操作性和针对性的建议。尤其是对处于教育产品提供者的高等院校而言，如何结合自身的优势契合这一巨大的市场，提供合适的教育产品，改善农民工的职业水平，是摆在各类高等院校面前的历史责任和市场机遇。

2．理论意义

本书将结合笔者在 2008 年和 2014 年的两次广州地区农民工实际调研情况，对农民工职业教育培训的内涵和外延进行全面而深入的剖析，对农民工职业教育培训的性质、内容、作用进行理论层面的定性，以求建立农民工职业教育培训研究的理论框架。

（1）职业教育作为知识资本形成的重要途径，对现阶段的中国具有重大的战略作用，而对于农民工职业教育而言更是如此。农民工职业教育培训必须是国家行为，要坚持政府主导，推进产教融合、校企合作的国家制度体系建设，继续推动建立政府、行业、企业、学校、科研机构、社区等共同参与的治理结构，用政策激发社会和企业兴办职业教育的内生动力，与教育部门密切合作，共同培养高素质劳动者和技术技能人才。

（2）准公共产品是指具有有限的非竞争性或有限的非排他性的公共产品，它介于纯公共产品和私人产品之间，如公办教育、政府兴建的公路等都属于准公共产品。对于准公共产品的供给，在理论上应采取政府和市场共同分担的原则。但是，农民工职业教育培训这一特殊的教育产品，在中国具有其历史的特殊性和国情的矛盾性，本书将运用政府公共管理和公共人力资源管理理论，对农民工职业教育培训属性进行比较深入的研究和思考，以期为公共物品理论增添新的内容和构建新的判断标准。

（3）当代农民工尚属于社会弱势群体，在农民工职业教育培训这个庞大的系统工程中，还有诸如技能培训升级、融入城市的阶级认同感、家庭随迁城市的住房、子女上学、社会保障等一系列问题需解决。因此，本书的主要研究方向是为如何做好农民工职业教育增加一些实证材料。

（4）农民工职业教育培训的框架和内容有别于一般性的职业教育培训，应该包括生存技能、融入技能和发展技能三大类，以适应农民工这一特殊历史群体的特殊要求。只有匹配的职业教育才能推动农民工的个人发展和相关的产业发展。

1.1.3 研究设计与创新

1. 研究内容

围绕农民工职业教育培训的相关内容，本书旨在重点探讨以下四个方面的问题：

（1）通过实际调研了解和分析广州地区农民工职业教育培训的需求状况。

（2）分析农民工职业教育培训的影响因素与政府责任之间的关系。

（3）初步构建农民工职业教育培训需求理论模型。

（4）探讨和完善农民工职业教育培训的相关政策和措施。

2. 研究假设

（1）影响农民工职业教育培训的因素是多方面的。本研究假设影响农民工职业教育培训需求不旺和有效供给不足的因素是多方面的，宏观方面包括政治、经济、社会、文化等，微观方面包括政府、用工单位、培训机构以及农民工自身。

（2）各类影响因素之间存在一定的相关性。本研究假设各种对农民工职业教育培训具有影响作用的因素是具有一定相关性的，并且是可以通过各种调查方式得到验证的。

（3）各因素之间的影响水平是不同的并且是可量化和比较的。本研究假设各种因素之间的影响水平是可以通过各种统计方式进行量化和比较的，而且这种量化对于研究农民工职业教育培训现状是具有指导意义的。

3. 研究程序

为使研究能够顺利进行，本研究根据实际需要制定研究流程图，并根据实际调研情况进行持续完善和更新。

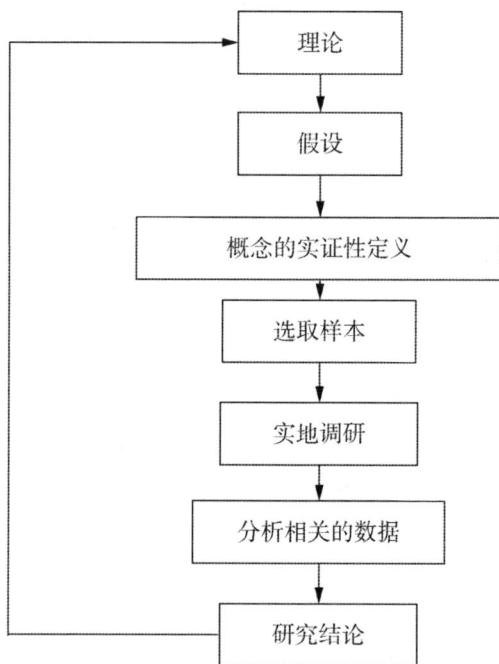

农民工职业教育培训研究流程图

4. 研究对象

本书以访谈、实地调研等研究方式为基础，结合社会调查方法、理论分析方法，从多个角度和多个层面对农民工职业教育培训与政府责任进行综合性分析。调研对象包括广州地区的农民工、民政局、劳动与社会保障局、劳动密集型企业、农民工职业教育培训机构等，通过访谈和问卷调查的方法得到相关数据。

5. 研究方法

本研究遵循理论探讨与实证调查相结合的原则，在一定的理论和研究方法的指导下，综合运用文献研究法、实证分析法、问卷调查法、访谈法等对农民工职业教育培训的现状进行研究，并探讨解决问题的有效方法。

（1）文献研究法。

①文献研究法一般包括五个基本环节：提出课题或假设、研究设计、搜集文献、整理文献和进行文献综述。文献研究法的提出课题或假设是指依据现有的理论、事实和需要，对有关文献进行分析整理或重新归类研究的设想。本研究正是基于以上的要素内容而展开的，且对于农民工职业教育培训的理论框架构建、农民工职业教育培训的实践调研题材等，都是在文献研究的基础上展开的。

②文献研究法的特征：

第一，文献研究法超越了时间、空间的限制。研究者通过对古今中外文献进行调查分析，可以极其广泛地研究社会的各方情况。这一特点是其他调查方法所不具有的。

第二，文献研究法是一种间接的非介入性调查。本研究方法只对各种文献进行调查和研究，而不与被调查者接触，不介入被调查者的任何反应。这就避免了直接调查中经常发生的调查者与被调查者互动过程中可能产生的种种反应性误差，从而使研究者能够持更为中立的态度进行研究。

第三，文献研究法是一种自由、便利、安全的研究方法。文献调查受外界制约较少，只要找到了必要的文献就可以随时随地进行研究，且自行纠错的余地较大。

第四，文献研究法一般以书面调查为主。如果搜集的文献是真实的，那么它就能够获得比口头调查更准确、更可靠的信息，从而避免了口头调查可能出现的由于人为而造成的种种记录误差。

第五，文献研究法省钱、省时、高效率。文献调查是在前人和他人研究成果的基础之上进行的研究，因此它不需要大量研究人员和特殊的仪器设备，可以用较少的人力、物力、经费和时间，获得比其他研究方法更多和更广泛的信息。

（2）问卷调查法。

①问卷调查法也称为书面调查法、填表法等，是一种用书面的形式间接地搜集研究材料的调查研究方式。它是通过向被调查者发出简明扼要的问询表，并邀请其填写对有关问题的看法、意见或建议来间接获得材料和信息的一种方法。本研究主要利用调查问卷的形式间接搜集有关农民工职业教育培训的材料，通过向农民工发出简明扼要的问卷表格，获得各种资料和可量化的信息，从而为后续分析建立客观而全面的数据基础。

②问卷调查法的特征：

第一，客观性。客观性要求调查设计的问题必须符合客观实际情况。

第二，必要性。必要性是指研究问题必须围绕调查课题和研究假设进行，无关紧要的问题不能出现在问卷设计中。

第三，自愿性。自愿性要求被调查者必须是自愿参加课题研究，被调查者是自愿真实回答各类问题。只有这样得到的数据结果，才是客观可信的，才能最终被用于研究分析。

第四，可能性。可能性是指必须符合被调查者回答问题的能力。凡是超出被调查者理解能力、记忆能力、计算能力的问题，都不应该提出，以免得出模棱两可甚至是大相径庭的调查结果。

（3）访谈法。

①访谈法是指通过访谈员和受访人面对面的交谈，从而了解受访人的心理和行为的调查研究方法。因研究问题的性质、目的或对象的不同，访谈法具有不同的形式。本研究中的访谈根据访谈形式的标准化程度，可以分为结构性访谈和非结构性访谈。正是由于访谈法运用面较广，且能够简单而迅速地收集多方面的工作分析资料，因而广受研究者们的青睐。本研究根据预设的访谈提纲，对政府劳动就业培训部门的政府官员、劳动用人单位、培训机构的老师以及个别具有代表性的农民工进行深度访谈，以此作为问卷调查的补充。

②访谈法的特征：

第一，由被调查人员亲口讲出与研究相关的内容，具体而准确；与此同时，能够发现研究者所不知道的深层次的问题。

第二，运用面较广，能够简单而迅速地收集多方面的工作分析资料。

第三，有助于与被调查者进行充分的互动沟通，缓解访谈压力。

6．创新之处

（1）初步构建了农民工劳动技能需求层次理论。本书运用马斯洛需求层次理论，通过调研分析农民工的技能培训需求层次，将其划分为三个层次：自身生存技能——进入城市后获得生存的需求；劳动发展技能——增强市场竞争力，提高工资待遇的需求；社会融入技能——融入社会的需求，包括提高文化素养层次，拓宽社会见识，丰富人生价值观念等。

（2）本书试图通过实证调研，以求得出数据证明农民工职业教育培训的准公共产品属性，从而奠定农民工职业教育培训与政府责任这一理论基石。

1.2 农民工概况分析

1.2.1 农民工的内涵与外延

所谓的农民工，本研究特指从农业人口中分化出来，常年或一年中大部分时间在从事非农产业工作，凭自己劳动获得工资收入并将其作为主要生活来源，但户籍仍然在农村的一个社会群体，这也是中国经济快速发展而产生的一个特殊社会群体。

农民工是计划经济、改革开放和市场经济的综合产物。正是由于农村生产关系的改变和社会生产力发展，促使农村大量剩余劳动力流动到城市成为可能。利益成为农村劳动力向城市流动的内在驱动力。正是这种人群的流动和户籍制度的固化，使得城市中出现了新的社会群体——农民工。

因此，从身份上来看，他们是农民，户籍仍然在农村，拥有自己所承包的土地，农忙时回乡参加农业劳动，从土地上可以获得一部分收入；从职业上来看，他们大部分时间在城市的第二或者第三产业从事生产劳动，通过劳动获得一定的报酬。对于许多农民工而言，这份报酬也正是他们的主要经济收入来源。我国社会尚属城乡二元结构，而农民工恰恰处于"两栖"的尴尬境地：以城市生活为主，而又居无定所；工作辛苦而又不稳定；生活在城市的最底层，没有享受到城市居民的待遇。但正是这个庞大的社会群体支撑着城市的建设和产业的快速发展。

1.2.2 农民工的属性

对于农民工这一特殊社会阶层，将其归为农民、产业工人还是中间阶层都难以界定，所以理论界在对其社会属性的界定上还存在较大的争议。

以张智勇等为代表的学者们认为，农民工仍然属于农民，其主要理由如下：一是从生产资料的占有状况分析，农民工在户口所在地仍然掌握着少量的土地，属于有产者范畴。二是从就业机会、就业待遇、就业保障等不平等角度看，农民工成为初次分配领域中不折不扣的弱势群体。三是是否获得与市民相同的政治表达权是界定阶层的重要指标。四是作为同一阶层或阶级，除了经济和政治上的相同点外，还应该具备相同的阶级意识，有一种阶级认同感，即布哈林所说的"阶级心理"，这一点对于处于城市边缘状态的农民工显然是不相适应的。

笔者认为，农民工作为一个特殊社会阶层，具有以下几个特点：一是对于土地所有权方面的分析，农民工虽然仍占有少量的土地，但是农民工绝大部分的时间和工作精力都集中在城市，极少参与农业生产，基本实现了所有权与经营权的分离。二是对于进城务工的农民工而言，在收入方面虽然属于城市的底层，但相对于农业生产资料成本居高不下和分散化的小农生产模式，进城务工仍比农业生产的效益要高出许多，工作环境与劳动条件也更好，因此许多地方出现了弃农打工的农业"空心化"现象，诸如出现留守妇女、儿童和老人的"空心村"，农地荒废等，既造成了一定的农村社会问题，也给国家粮食安全带来了较大的隐患。三是农民工在就业机会、收入待遇、社会福利保障等方面，没有享受到平等的城市居民待遇，也造成了一定的城市社会问题，但是随着城市的发展和社会保障制度的逐步健全，城市社保、医保等制度已经开始实行全覆盖，虽然仍处于较低水平。四是农民工的政治表达权虽然还没有重大突破，但是农民工在城市的活动已经影响到城市的政治发展进程。五是农民工的土地情结仍然存在，但是对于城市的认同感在不断加强，尤其是对于年轻的"80后"和"90后"农民工，他们对于城市的向往和希望已经开始弥合其内心存在的城乡差距。

总而言之，从户籍制度上看，该劳动群体中的人员属于农民身份；从工作性质和收入来源方面分析，又与产业工人相一致；从社会保障制度和配套措施上看，缺乏与城镇居民完全一致的应有的保障制度和相关配套政策保障。所以，农民工既是农民，又是工人；既不是传统意义上的农民，也不是传统意义上的工人。进城就业的农民工是游离于城乡之间的边缘性群体，是一个过渡性的社会阶层。面对这一特殊属性的群体，政府、社会以及企事业单位应该给予更多的关注。

1.2.3 农民工的总体分布情况

国家统计局的《2012年全国农民工监测调查报告》统计数据显示，从劳动力输出地来看，东部地区农民工11 191万人，比上年增加401万人，增长3.7%，东部地区农民工占农民工总量的42.6%；中部地区农民工8 256万人，比上年增加314万人，增长4.0%，中部地区农民工占农民工总量的31.4%；西部地区农民工6 814万人，比上年增加268万人，增长4.1%，西部地区农民工占农民工总量的26.0%。

从外出农民工就业的地点看，在直辖市务工的占10%，在省会城市务工的占20.1%，在地级市务工的占34.9%，在县级市务工的占23.6%，在直辖市和省会城市务工的比重比上年下降0.7个百分点，在地级市务工的农民工比上年提高1个百分点。

从数据可以看出，我国农民工的比重整体呈现由东向西逐步减少的状况，增长趋势则呈现由东向西逐步增加的趋势。这一方面是由于东部经济发达，大中型城市较多，产业集群发展，城市相关配套设施较好，劳动就业机会较多；另一方面是西部经济较为落后，产业发展落后。但是随着国家一系列政策利好诸如西部大开发、中央经济统筹等，中西部地区的经济逐步发展起来，农民工就近就业的趋势也在加强。总体而言，农民工的集群式发展，为农民工职业教育培训提供了现实基础和条件，也形成了客观需求。

1.3 农民工的产生

1. 农民工产生的历史原因

自春秋战国以来，我国经历了两千多年的以自给自足的经济发展模式为主导地位的封建社会，我国国民生产总值在近代的 19 世纪更是占据了全球生产总值的 1/3 左右，位居世界第一。然而自 19 世纪初开始，欧美大部分国家开始了轰轰烈烈的工业化大革命。随着蒸汽机、内燃机的发明和广泛应用，欧美国家的城市人口和规模大幅度扩大，农村人口迅速减少，从事工业生产的人口急剧增加。随着生产力的不断提高，农业生产已经不再需要如此之多的劳动力，而随着城市规模的不断扩大、工业的迅速发展，需要大量的廉价劳动力作为人力资源，从而实现了大量劳动力从农村大规模地转移至城市。直至 20 世纪 30 年代末，欧美国家相继完成了工业革命，走上了工业化道路，完成了城市化进程，农民工也在这一大迁徙中完成了时代的改造。

我国由于特殊的历史发展阶段，城乡二元体制结构在新中国成立后得到逐步建立。随着改革开放的历史大幕的开启，城乡劳动者开始流动，而身份和劳动力流动的原因，造成了我国目前农民工的现状。

2. 农民工产生的现实原因

自 1949 年中华人民共和国成立至 1978 年期间，我国经历了各种经济成分并存的工业化建设过程。在工业建设方面，虽然我国进行了一定程度上的工业化建设，建立了许许多多的大中型国有企业，但是由于计划经济体制自身的制约，导致出现生产效率低下、环境资源浪费严重、社会经济发展缓慢等局面。在户籍制度方面，在全国范围内把户籍制度划分为城市户口和农村户口，致使城市人口较少，农村人口较多。而且在计划生育制度的大背景下，人口失衡现象更是进一步加剧，造成农村人口大幅度增加。截至1978年，我国农业人口数量已达8亿以上。而在当时出现的所谓"农村有田没人种"和"城市有活没人干"两种状况，导致了少量的农民进城务工现象的出现，这就是我国最早的具有现实意义的农民工。

中国共产党的十一届三中全会，奠定了改革开放的治国方略，开启了我国进行大范围体制改革的序幕。其中，坚持以经济建设为中心、实行改革开放的新路线，建立了多种经济成分并存的经济体制结构。如农村联产承包责任制、对国有企业的承包制，允许城镇无业人员、农民进城进行个体经营活动，提倡实行民营、私营经济。通过改革，大规模缩小了国有集体经济在经济中所占的比例，大幅度地提高了民营经济和外资经济的规模和比重。

对外开放就是大量引进外国的先进技术，大量吸收外国资本，允许外国企业在国内建立工厂、企业，并给予税收优惠政策。通过改革开放，我国各种体制的企业如雨后春笋般出现，国家允许外资企业、合资企业、集体企业、民营企业和工商个体户大量使用农民工，最终使大量的企事业单位蓬勃发展，在劳动机会急剧增加的背景下，大量进城务工的农民成为具有现代意义的产业工人雏形。

3. 农民工产生的人为原因

自新中国成立后，人民生活水平有了一定程度的提高，社会环境安定，卫生医疗条件有了初步的改善。这一系列的宏观环境的改善使得我国人口的自然增长率大幅度提高。人口的急剧增加在当时的社会生产力条件下，已经开始影响到了国家和社会资源的整体负担能力。当时个别有识之士，如著名经济学家马寅初先生，建议中央政府在全国范围内实行计划生育政策，他明确指出，人口增长过快超出了国民经济的发展速度，将会严重制约我国经济建设的速度，给未来我国经济发展带来严重后果。

但是由于当时的社会舆论和人口观念，鼓励人口生育的政策在我国被一直奉行，造成我国农村人口快速大量增长，形成了大量潜在的农民工。由于长期实行"二元化"的城市户籍制度、鼓励人口生育等原因，我国未能跟上全世界工业化和城镇化的潮流。而随着我国改革开放政策的实施，允许各种体制的企业或个人使用农民工，这就在一个共同的时点，出现了大量劳动力和社会产业急剧发展的双重叠加的局面，因此产生了大量的农民工。

改革开放以来，我国农业剩余劳动力大规模的流动，产生了"民工潮"现象，这种现象归结为两个因素的综合作用，即"原始推力"和"基本拉力"。原始推力是指农民失去土地、乡镇企业萎缩、生活条件较差等，构成一种推力，促使一部分农村人口另谋生路；基本拉力是指城市较高的收入水平、良好的生活条件、丰富的娱乐和文化氛围、较好的发展前景等，形成拉力，吸引着农民进城。这两种力量从个人和环境两个方面进行了推拉，农民工的出现成为不可避免的历史产物。

② 农民工基本状况

国家统计局于 2014 年 5 月 12 日发布的《2013 年全国农民工监测调查报告》显示，2013 年全国农民工总量为 26 894 万人，比上年增加 633 万人，增长 2.4%。其中外出农民工为 1.66 亿。报告显示，目前在我国 2 亿多农民工中，已婚者占 73.4%，其中外出农民工已婚者达到 58.2%，但近 80% 的农民工是单纯的劳动力转移而非家庭转移，这种单纯的劳动力迁移带来了沉重的社会代价。留守儿童、老人和妇女境况窘迫，农民工普遍缺乏幸福感，劳动权益保障缺乏，劳动强度大、收入低下等问题突出，在一定程度上已经成为严重的社会问题，影响了我国全面建设小康社会的总体社会目标。

2.1 农民工人口统计概况

本次研究是在 2008 年的实证调查基础之上进行完善的，被调查者的行政区域和行业等范围均有所扩大，样本基本涵盖了广州地区的农民工，主要调查区域为农民工较多的海珠区、越秀区、天河区、萝岗区、白云区、番禺区、南沙区七个行政区。截至 2014 年 10 月，共发放问卷 350 份，收回问卷 343 份，有效问卷 338 份，有效回收率为 98.54%。调查样本的构成情况见表 2 - 1、2 - 2。

1. 文化程度

在文化程度方面，广州地区的农民工受教育程度较低，高中以上文化程度的比例仅为 39.65%，平均受教育年限仅为 9.68 年，仅超过义务教育的最低年限 0.68 年。由此可见，作为我国发达地区的广州农民工在教育背景上仍然处于较低水平，这已经严重制约了我国产业转型升级的需要。

2．性别比例

在人口统计指标方面，男性农民工比例高出女性 37.86%，超过 59% 的农民工都已婚，这一方面表明男性的就业较女性容易，另一方面也凸显了我国留守妇女儿童问题已经日益严重。

3．年龄层次

年龄层次呈现正态分布，我国农民工仍然是劳动力供给的主力军，但是随着时间的推移，如果现有的农民工不能在较短的时间内实现职业技能的提升，将来老龄化问题将不仅严重影响其个人的生存和发展，劳动技能的短缺也将严重制约我国经济的发展。

表 2 - 1　广州地区农民工文化状况　　　　　（样本数 $N = 338$）

变量名称	类别	样本数	有效百分比	平均受教育年限
文化程度	文盲	9	2.66	9.68
	小学	48	14.20	
	初中	147	43.49	
	高中/中专	116	34.32	
	大专以上	18	5.33	

表 2 - 2　调查样本的基本情况　　　　　（样本数 $N = 338$）

变量名称	类别	样本数	有效百分比
性别	男	233	68.93
	女	105	31.07

（续上表）

变量名称	类别	样本数	有效百分比
年龄	20 岁以下	50	14. 79
	21~30 岁	152	44. 97
	31~40 岁	88	26. 04
	41 岁以上	48	14. 20
婚姻状况	已婚	202	59. 76
	未婚	136	40. 24
工作地点	海珠区	35	10. 36
	越秀区	45	13. 31
	天河区	37	10. 95
	萝岗区	98	28. 99
	白云区	37	10. 95
	番禺区	48	14. 20
	南沙区	38	11. 24

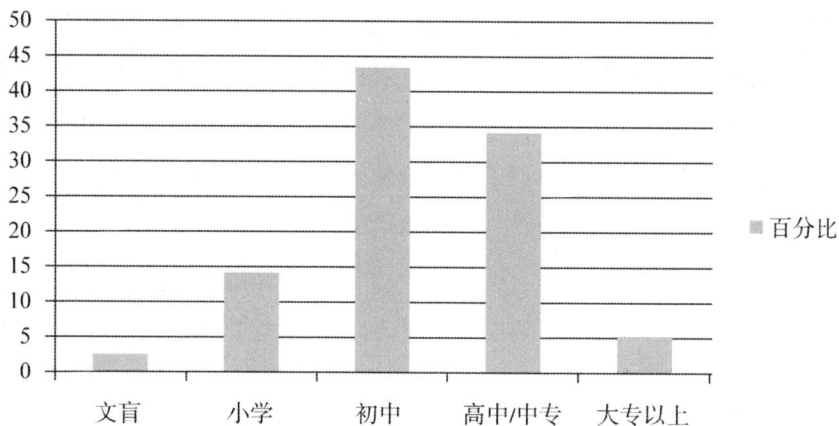

图 2-1 广州地区农民工文化状况

2.2 农民工生活现状

2.2.1 农民工生活现状概述

1. 农民工收入整体偏低

由于先天的社会环境导致农民工不能接受良好的基础教育，而在进入适龄劳动阶段，其劳动技能水平较低和"临时工"身份限制，使得广大农民工的工资水平始终相对较低，或者说一直处于社会的底层。过去三十多年来，农民工的工资从表面上看，已经有一定的增长，但是折合平均购买力综合分析，农民工的实际工资收入水平并无大的提高，更没有随着经济持续增长而相应增长，尤其是近十年社会生活成本日益加重，房价持续上涨，看病难看病贵等现象更是加重了这一趋势，甚至出现实质性的下滑势头。

从全球竞争的角度看，这也是全球资本进入中国开展的"逐底竞争"的结果，而农民工的社会身份又拉低了平均工资底线。农民工在"质与量"之间出现了背离，即一方面农民工不具备产业工人的职业技能，而另一方面又涌现出"民工潮"，这使得企业只需要对农民工进行简单培训就让其上岗工作，农民工从事的只是简单的劳动再生产，企业获得的是简单而粗暴的原始积累。而作为地方政府，也可以吸纳大量的廉价劳动力从而推动城市的发展。这成为一种政府、企业和劳动力三者平衡的默契。农民工简单的技术含量低的劳动再生产，也决定了农民工的低收入水平。但是随着经济的发展，一方面劳动密集型产业出现了民工潮；另一方面由于工业化进程步伐的加快，提高了产业转型升级速度，缺少中高级职业技能人才的产业形成了"民工荒"。

2. 农民工缺乏社会尊严

特殊的身份导致农民工缺乏社会尊严，其中包括劳动权益、社会保障制度、社会认同感等。从2011年7月15日出版的《半月谈》杂志对新生代农民工进行的社会调查情况看，调查的对象为年龄16岁以上、35岁以下，在异地以非农就业为主、有农业户籍的群体，调查对象达到 2 278 人。

（1）基于身份条件的劳动权益侵害居高不下。据不完全统计，三成多新生代农民工依然为拖欠工资、无劳动合同、社会保险不规范、同工不同酬等问题所困扰。在工资待遇方面，据《半月谈》调查显示，37.4%的被访者遭遇过工资拖欠，35.1%的被访者没有与用人单位（老板）签订过劳动合同。65.1%的被访者认为同工不同酬的现象在外地人和本地人中不同程度地存在，其中超过三成认为同工不同酬普遍存在。

（2）在社会保障方面，63.1%的被访者表示单位没有为其购买全部的保险；在维护自身权益时，新生代农民工首选的仍是基层政府和相关组织，通过法律途径维护自身权益的仅有 11.1%。23%的农民工明确表示工作单位完全没有为其购买保险。

3. 农民工工作环境较差，职业发展不明确

大部分供职于民营企业的农民工由于职业技能较低，只能维持出卖劳动力的工作状态，其工作环境一般较差，生产条件落后，安全事故隐患较高；而其收入水平往往较低，其生活需求只能在工厂宿舍或者城中村中得到有限满足，更不用说用于个人发展的培训教育了。这一系列生存环境和工作安全环境较恶劣，以及不能保障基本生活来源的窘况，造成了农民工工作的极不稳定，打工成了活在当下的一种生存方式，而不能形成一种长远的、稳定的生活预期。

4. 农民工精神文化缺失

随着时代的发展，"80 后"和"90 后"农民工也开始陆续步入社会，和"60 后"、"70 后"的第一代农民工同台竞技，但是时代赋予了新一代农民工特殊性。如新生代农民工比其父辈有着更高的精神文化需求，面对工作上的压力需要更多元的舒缓和排解方式，对文化消费具有更多的追求等，但是由于农民工收入偏低，导致其与高端文化消费存在着天然的障碍，从而导致农民工与外界，尤其是与城市各方的沟通交流互动相对较少。

5. 用人单位缺乏人文关怀

基于农民工的低劳动产出，用人单位只是把农民工当作劳动生产线上的

一个部件，而缺乏对农民工在住房、吃饭、娱乐、医疗等方面的人文关怀。在物质生活和精神生活双重缺失的情况下，企业和员工均消极应对各自的未来，也形成了社会的不稳定因素。

6. 农民工社会保障体系不完善

经过近 40 年的改革开放，社会的保障网络已经初步建成，但是农民工的社会保障体系仍然处于较低水平。虽然农民工已经成为各个产业不可或缺的重要组成部分，但农民工进城在为中国经济作出巨大贡献的同时，却没有享受到与城市居民平等的待遇，如农民工的收入决定其买不起房；户籍制度决定了农民工的子女上不了公立学校；较低的收入使其享受不到医疗待遇；不稳定的工作使其享受不到基本的社会保障福利等；保障体系的缺失使得农民工只能是单纯的劳动力转移而非家庭转移，家中的留守老人、儿童、妇女成为进城农民工最大的后顾之忧。

2.2.2 广州农民工生活状况实证调查

结合现有的资料和广州地区农民工的现状，本研究对农民工的收入现状、城市适应性、留城倾向、社会交往意愿以及娱乐取向五个方面，通过问卷调查和重点访谈的方式进行了深入的调查。通过大量的文献总结和实证调研，我们认为这五个方面对于我们进一步分析农民工职业教育培训的状况具有重要的现实意义。

1. 农民工的收入现状

农民工进城的根本性目的毫无疑问是增加收入，改善生活，其对于背井离乡的农民工而言是至关重要的，不仅直接关系到农民工的生存状况，而且也对其工作积极性产生重要的影响。而本研究中的农民工收入也界定为进城从事非农劳动而获取的劳动报酬。

表2-3 农民工的收入现状

项目	样本数	百分比
1 000~1 500 元	10	2.96
1 500~2 000 元	114	33.73
2 000~2 500 元	111	32.84
2 500~3 000 元	49	14.50
3 000 元以上	54	15.98

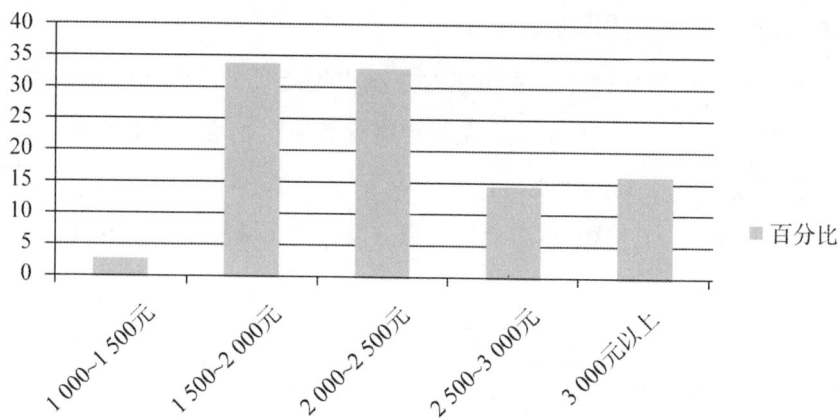

图2-2 农民工的收入现状

一方面,广州统计信息网2013年的数据显示,广州地区的农村居民家庭人均纯收入18 887元,农民月收入1 573元,2013年城市居民家庭人均可支配收入42 049元,广州市的城镇居民月人均收入为3 504元。另一方面,实际调研的结果显示,广州地区的农民工月收入低于2 000元的占被调查对象的36.69%。由此可知,广州市农民工的工资待遇仍然大大低于广州市城镇居民的平均工资水平,存在严重的同工不同酬的现象。持续的不平等工资待遇也将最终影响企业的发展和地方经济的发展:

(1)如果让这样的状况持续下去,会严重影响农民工的工作积极性,逼迫掌握技术的农民工往其他区域流动。这不仅将使珠三角地区的高端技术工人流向其他区域,也将使相应的产业升级无法在本地实现而最终流向其他地区甚至东南亚等国家。

（2）工资收入水平的低下，将大大制约农民工职业教育培训的发展，也会反过来形成农民工由于自身职业技能水平无法提高而导致收入无法提高的恶性循环，正如许小青等论证的农民工职业教育培训"需求不旺"的一个重要原因：收入低下①。

（3）较低的劳动收入决定了较低的劳动技能，这也将影响广州制造业的产业升级和第三产业服务水平的提高。这是大部分大中型城市面临的共同问题。

2. 农民工的城市适应性

农民工的城市适应性是指农民工对于城市生活、工作以及文化的融入与认可。农民工的城市适应性对农民工是否愿意参加职业培训具有重要的影响。如果农民工能够适应城市的生活，认可城市的文化，希望被城市所接纳，进而产生对城市的依恋，这必然会使他们想方设法留在城市工作和生活。

表 2 - 4 农民工的城市适应性

项目	样本数	百分比
非常适应	32	9.47
适应	205	60.65
一般	85	25.15
完全不适应	16	4.73

表 2 - 5 农民工的城市适应性算术平均值

项目	赋值	样本数	算术平均值
非常适应	4	32	
适应	3	205	2.749
一般	2	85	
完全不适应	1	16	

---

① 许小青，柳建华. 关于农民工教育培训问题的研究. 求实，2005（5）：93～96.

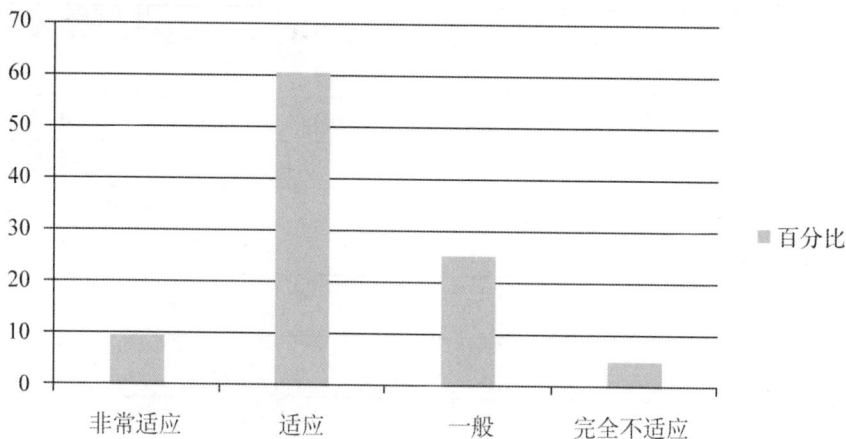

图 2 - 3　农民工的城市适应性

　　根据调研的表 2 - 4、表 2 - 5 反映，广州的农民工既对城市向往，又对城市无奈。农民工对城市的适应程度仍然不高，其中非常适应城市生活的比例偏低，只有 9.47%；适应性为一般及完全不适应的占到了 29.88%，这表明对城市适应性低的农民工还是普遍存在的。按照加权平均的方法对适应性进行算术平均，得出适应性指标值只有 2.749，表明广州地区的农民工的总体适应性水平仍然是偏低的。

3. 农民工的留城倾向

　　农民工的留城倾向是指农民工基于对城市生活和工作的适应，以及对未来城市生活存在美好的预期而产生的生活意愿。如果农民工适应了城市的生活，愿意摆脱家乡情结和土地情怀，那么他们就会设法融入城市生活，为将来长远的城市生活而做谋划。其中通过劳动技能学习和培训提高自身的素质和工作技能，从而增加个人收入，这将是极为重要的有效途径，最终也将满足他们在城市的各种生活消费需要。

表 2 - 6 农民工的留城倾向

项目	样本数	百分比
长期留在城市	69	20.41
过几年回家	104	30.77
暂时没打算	165	48.82

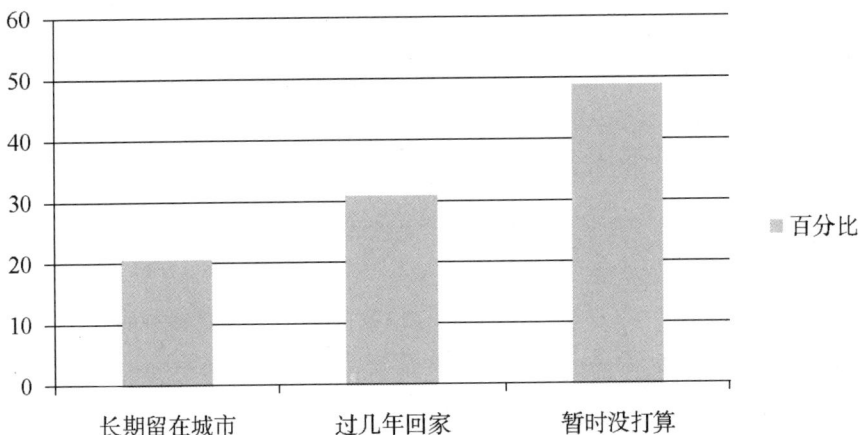

图 2 - 4 农民工的留城倾向

根据调查可以看到，准备长期留在城市发展的只占调查人数的 20.41%，表明愿意留在城市发展的农民工仍然不多；而准备过几年回家的人则占了 30.77%，这部分人中相当一部分的熟练工人将成为城市制造服务业的一种人力资本流失；暂时没打算的人最多，达到 48.82%，这部分人的比例则提示政府需要通过合理引导，使得这部分技术工人长期留在城市发展，其中职业培训必然将充当重要的角色。

从以上分析可以看出，农民工职业教育培训不是单纯的教育培训工作，而是一个城市的整体配套工作。只有不断提高农民工的城市适应性，增强其留城倾向，如加强社会保障体系，增强城市人文关怀，提高城市综合形象，加强城市环境治理等，才能使职业教育培训有的放矢，各方共同推动城市的发展。

4. 农民工的社会交往意愿

社会交往意愿将极大地影响农民工的城市适应性和留城倾向，也反映了现行的城乡二元体制对农民工社会交往的束缚。

表2-7 农民工社会交往意愿

项目	样本数	百分比
非常希望	31	9.17
希望	181	53.55
一般	97	28.70
完全不希望	29	8.58

表2-8 农民工社会交往意愿算术平均值

项目	赋值	样本数	算术平均值
非常希望	4	31	
希望	3	181	
一般	2	97	2.633
完全不希望	1	29	

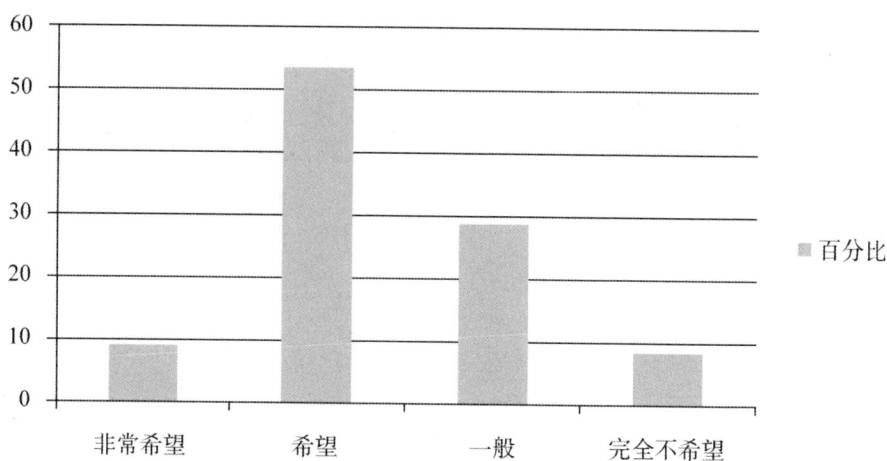

图2-5 农民工社会交往意愿

根据表 2 - 7、表 2 - 8 可知，农民工与城市居民交往的意愿并不强烈，非常希望与城市居民交往的只占 9.17%，希望与城市居民交往的也只占了 53.55%，完全不希望与城市居民交往的则占了 8.58%。而农民工社会交往意愿算术平均值更是只有 2.633，这充分表明农民工在二元体制的束缚下，由于制度性的原因，长期与城市割裂，导致农民工与城市居民交往的意愿并不强烈，这将使得农民工通过职业的路线转化为城市居民的意愿并不清晰。

5. 农民工的娱乐取向

农民工的娱乐取向不仅反映了农民工的业余生活，也从侧面反映出农民工对于职业培训的取向和对其进行职业培训的可能性。

表 2 - 9　农民工娱乐取向

项目	样本数	频率
上微信	264	78.11
看电视	237	70.12
看书籍杂志	145	42.90
睡觉	142	42.01
上网	132	39.05
逛街	116	34.32
和老乡工友喝酒聊天	90	26.63

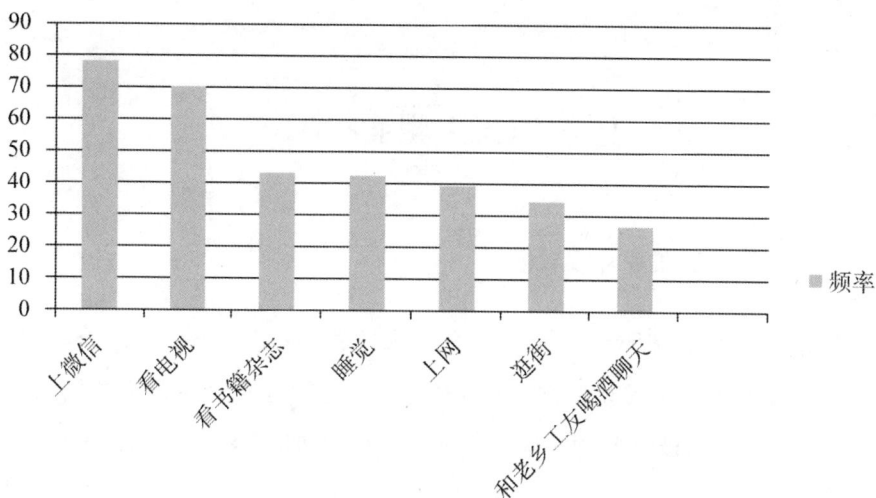

图2-6 农民工娱乐取向

从表2-9可看出，广州农民工在业余时间玩微信的频率有78.11%，占第一位，这表明农民工仍然是有时间参与一定的娱乐活动的；而其中值得注意的现象是看电视以70.12%排在了农民工娱乐取向的第二位，看书籍杂志以42.9%排在了农民工娱乐取向的第三位。

（1）这在一定程度上表明，农民工有通过各种途径来获取外界信息的取向，尽管这种途径未必以学习科学文化和职业技能为主流，但也为农民工职业教育培训工作提供了一个良好的文化氛围。

（2）互联网等新兴媒体成为农民工广泛接受的互动平台，这为网络教育培训提供了可能，包括慕课等成本较低的学习方式。

综上所述，广州地区农民工的收入状况仍然偏低，这严重制约了农民工参与职业培训的自觉性；城市适应性、留城倾向和社会交往意愿都不高，不利于提高农民工的职业培训动因；而农民工的娱乐取向也表明了他们在一定程度上还是有时间和空间参与职业培训的，也存在技术上的可操作性。存在上述问题的原因，主要是城市的二元体制造成了农民工既向往城市，又因为户籍制度而不能留在城市的两难境地，加之正式工与临时工待遇上的巨大反差，也造成了农民工自身既愿意参加又难以参加职业培训的现状。

2.3 农民工职业状况

2.3.1 农民工职业现状概述

根据劳动和社会保障部、国家质量技术监督局、国家统计局联合组织编制并于 1999 年 5 月正式颁布施行的《中华人民共和国职业分类大典》可知，我国全部社会职业被划分为 8 大类、66 个中类、413 个小类、1 838 个细类（职业），突破了以往按行业部门分类的模式，突出了职业应有的社会性、目的性、规范性、稳定性和群体性特征。第一大类：国家机关、党群组织、企业、事业单位负责人，其中包括 5 个中类，16 个小类，25 个细类；第二大类：专业技术人员，其中包括 14 个中类，115 个小类，379 个细类；第三大类：办事人员和有关人员，其中包括 4 个中类，12 个小类，45 个细类；第四大类：商业、服务业人员，其中包括 8 个中类，43 个小类，147 个细类；第五大类：农、林、牧、渔、水利业生产人员，其中包括 6 个中类，30 个小类，121 个细类；第六大类：生产、运输设备操作人员及有关人员，其中包括 27 个中类，195 个小类，1 119 个细类；第七大类：军人，其中包括 1 个中类，1 个小类，1 个细类；第八大类：不便分类的其他从业人员，其中包括 1 个中类，1 个小类，1 个细类。

本研究在参照《中华人民共和国职业分类大典》的基础上，对农民工劳动职业进行了初步的访谈了解，进而对较为集中的细分行业进行了梳理，对行业分布现状、职位层次、职业准入门槛、技术掌握程度等进行了较为全面的调研，以为本研究提供更为丰富的研究素材，从而为建立农民工职业教育培训模型，制定相应的对策奠定实证基础。

2.3.2 广州农民工职业现状实证调查

1. 农民工行业分布

通过对广州市七个行政区域的 338 名有效研究对象的了解，综合调研的样本分类可知（见表 2 - 10），广州地区农民工主要从事第四和第六类的工作，其中生产制造类为 40.83%，位居第一；商业服务类为 38.46%，位居第二；运输类为 11.54%，位居第三；9.17% 的工作处于不便分类的位置。

表 2 - 10　农民工行业分布状况

行业性质	职业	样本数	职业百分比	行业百分比
生产制造类	建筑工人	39	11.54	40.83
	车间工人	69	20.41	
	修理工	30	8.88	
商业服务类	保安	32	9.47	38.46
	清洁工	13	3.85	
	服务员	64	18.93	
	厨师	21	6.21	
运输类	司机	25	7.40	11.54
	搬运工人	14	4.14	
不便分类	杂工	15	4.44	9.17
	其他	16	4.73	

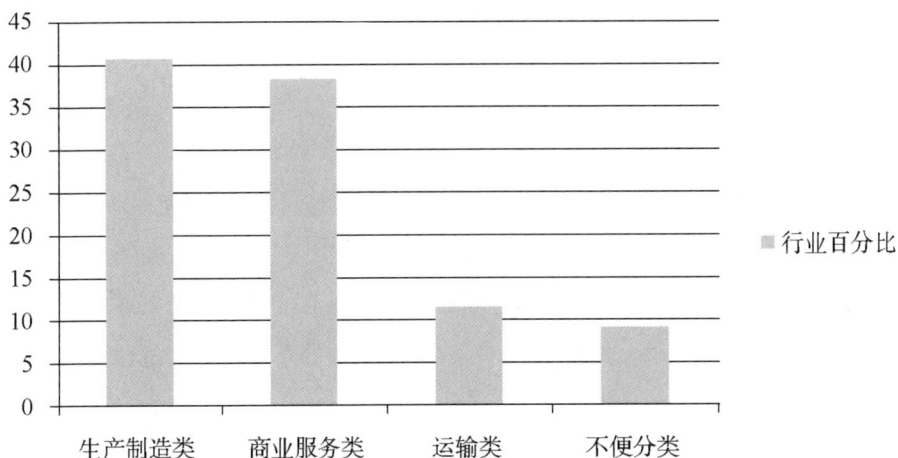

图 2-7 农民工行业分布

2. 农民工职位层次情况

根据表 2-11 农民工职位层次分布可知，基层工人或服务人员占 70.41%，一般的工头或班组长占 14.20%，管理人员则占了 15.39%。由此可见，广州地区的农民工仍然以从事体力劳动为主，从事脑力劳动的仍然不多；在基层工作者仍然占绝大部分，跻身于一般管理层的仍然不多。

表 2-11 农民工职位层次分布

项目	样本数	百分比
基层工人或服务人员	238	70.41
一般的工头或班组长	48	14.20
管理人员	52	15.38

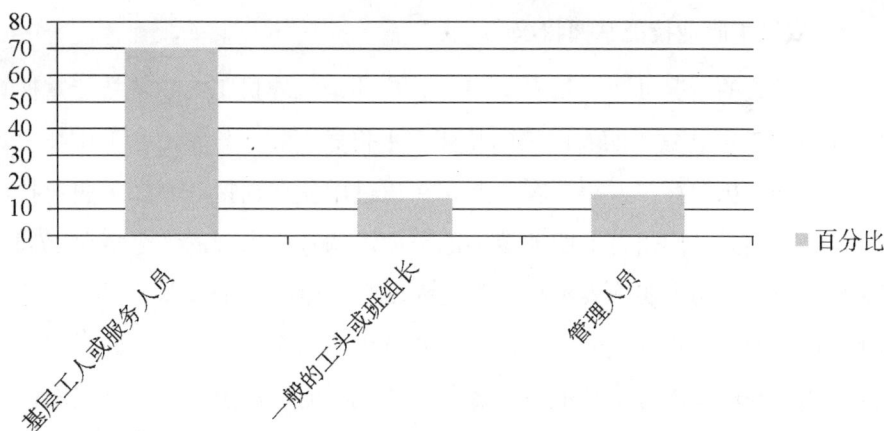

图2-8 农民工职位层次分布

3. 农民工工作技术难度

根据对农民工的调查可知（见表2-12），被调查者的工作技术难度算术平均值为2.39，即被调查者认为自身的工作是具有一定的技术难度的，而且根据研究者对受访者的深度访谈，其中不乏从事较高技术要求的，如机械维修、数控机床操作等具有较高技能要求的工作，而并非学者普遍认为的农民工只是做纯粹的体力活。随着经济的发展和我国产业升级的要求，农民工的工作技术含量也在不断地增加，单纯的体力劳动已经无法适应国家宏观经济的发展和农民工自身发展的需要了，而作为产业经济发展排头兵的广州，其产业升级已经是迫在眉睫的事，这为农民工中高级职业教育培训埋下了伏笔。

表2-12 农民工工作技术难度算术平均值

项目	赋值	样本数	算术平均值
纯粹的体力活	1	60	
比较简单	2	133	2.39
有一定技术要求	3	96	
比较专业	4	49	

4. 农民工职业技能掌握状况

根据调查的情况可知（见表2－13），广州地区农民工的职业技能掌握算术平均值为2.88，这表明农民工的技能水平仍然不高，与农民工工作技术难度算术平均值仍然存在差距，客观上存在通过职业培训提升农民工职业技能的空间，从而满足广州目前职业劳动的需要。调查中出现的一个情况引起了笔者的注意：受访者明确表示技能掌握程度为"生疏"的人基本没有，这与客观情况是明显不符的，表明农民工自我认识不够全面。这从侧面说明了农民工自愿参与职业教育培训的意愿较低；与此同时，这也为政府制定农民工职业教育培训提出了一个工作重点：引导农民工正确地认识自我。

表2－13　农民工职业技能掌握算术平均值

项目	赋值	样本数	算术平均值
非常熟悉	4	45	
熟悉	3	208	2.88
一般	2	85	
生疏	1	0	

5. 农民工就业准入难度

职业技能的高低是胜任本职工作的重要判断标准。调查显示，广州地区的农民工在进入新工作单位前由于无技能经常被拒绝录用的概率只有20.12%，而不会被拒绝录用的占44.97%。

（1）这一方面与现在农民工从事的工作仍以体力劳动为主，需要的技术含量不高有重要关系，另一方面也反映了广州地区乃至全国大中型城市的产业仍然以较为低端的劳动密集型产业为主，职业技术门槛要求不高。

（2）这一状况表明企业对于农民工就业准入仍然没有明确的标准。这也造成了农民工职业教育培训缺乏外在的制度压力。明确的职业准入门槛一方面有利于企业筛选合适的人才予以任用，另一方面也会引导员工不断提升自我技能，实现个人与企业的同步发展。

表 2 - 14　农民工就业准入难度

项目	样本数	百分比
经常因无技能被拒绝录用	68	20.12
偶尔因无技能被拒绝录用	118	34.91
不会被拒绝录用	152	44.97

2.3.3 农民工技能与"用工荒"、"民工潮"

中国经济经过三十多年的高速发展，建立了一个基于全球化分工浪潮下的依托世界贸易、面向全球市场的出口加工型经济结构，支撑它的就是似乎取之不尽、用之不竭的低廉劳动力，以及广阔的土地和自然资源优势。这种优势之所以存在，一方面是因为中国人口众多的现实，另一方面也缘于国人易于满足、吃苦耐劳的民族特性，还有劳动者对自身权益认识不足的原因。

但是，随着我国经济的持续发展，产业结构正在由纯粹的出口导向型转向出口贸易、投资拉动和国内消费"三驾马车"齐头并进的格局。尤其是随着国内劳动力资源和自然资源价格的持续攀升，过去的生产模式遭受了前所未有的挑战，高技术人才的"用工荒"将逐渐取代低水平的"民工潮"。

结合以上分析可知，产业升级和结构调整时不我待，农民工作为这一大趋势的参与者和调解者，将起到巨大的作用，而其中农民工自身劳动技能的作用将更为明显。

3 农民工职业教育培训现状

3.1 农民工职业教育培训理论概述

3.1.1 农民工职业教育的内涵与外延

1. 职业教育

农民工职业教育的从属性是本书的研究重点，只有做好这一定性研究，才能指明我国现阶段农民工职业教育培训的重要性，才能明确农民工职业教育培训的形式和内容，明确政府、企业、教育培训组织以及农民工自身在农民工职业教育培训方面所应该承担的责任与义务，才能有效地推动农民工这一重要的产业工人群体的整体劳动技能的提高，才能有效地推进我国产业转型升级的步伐。

（1）职业教育的定义。

纵观国内外学术界的研究文献，刘合群①在《职业教育学》中指出，职业教育可从广义和狭义两个方面理解。广义的职业教育是从人类社会的生存发展层面来看，为了适应社会发展的需要，开发劳动者智力，发展劳动者个性，培养人的职业兴趣，训练职业能力的教育。狭义的职业教育是指全体劳动者在普通教育的基础上，普遍所给予的不同水平的专业知识教育，培养能

---

① 刘合群. 职业教育学. 广州：广东高等教育出版社，2004. 3～7.

够掌握特定劳动部门的基础知识、实用性知识和职业技术的劳动者的教育。由此可见，职业教育培训是使农民工融入城市的助推器，应把农民工职业教育培训定性为职业教育领域下针对特殊群体的职业教育，它属于职业教育中的一个特殊领域。

（2）职业教育的目标。

职业教育作为一种让受教育者获得某种职业或劳动所需要的职业知识、技能和职业道德的教育，对职工的岗前培训、对下岗职工的再就业培训、对换岗工人的培训等各类职业教育以及各种职业高中、中职中专、高职高专等职业学校教育都属于职业教育范畴，其目的就是培养具有一定文化水平和专业知识技能的劳动者，与普通教育和成人教育相比较，职业教育侧重于实践技能和实际工作能力的培养，重点强调学以致用。

职业教育是人类社会化发展的产物，是人类文明发展的产物，是人自身发展到某一特殊时期的产物。通过职业教育受益的不仅仅是劳动者个人，更重要的是国家、社会、各类用人单位都会从中得益，而促进社会发展和劳动者个人的全面发展是职业教育的应有之义和神圣职责。

（3）职业教育的特征。

①实践性。

职业教育有别于一般的普通教育的重要之处是其实践性，它注重教育方法、技术和经验，注重经济效益，关注劳动用人单位和培训者个人的现实需要。职业教育的实用理性不是仅仅为了生存、谋利而提高劳动技能，也会关注劳动者个人的精神需求，注重人的"潜能"是否得到充分发挥，关注未来社会发展的需要，关注人岗匹配程度等。

②历史性。

职业教育的历史性是指社会的发展水平和阶段制约着职业教育的发展速度、规模、程度及内容，即社会发展的历史性制约着职业教育的发展。但是，职业教育也为劳动者不断超越劳动现状、改造产业发展路线提供了重要的基础。而正是职业教育的这种历史性与超越性之间的不断互动发展，才推动着职业教育的发展。

③媒介性。

职业教育的媒介性是指职业教育在人的发展和社会的发展之间、教育和劳动之间、教育与产业之间起到了重要的互动关系。职业教育的发展能够促进人的个性发展，从而推动社会的整体进步；职业教育不仅满足个人劳动的需要，更是直接对应于企事业单位、行业产业发展的社会需要；职业教育是使人的个性更适应于社会的直接需要的发展、提高和更新的媒介平台，从而实现人的全面社会化。

④个人性。

职业教育是围绕劳动者个人而展开的，从事职业教育的主体、受教育者都是现实生活中的人，他们的现实生活需要和能力决定了职业教育的教育目的、内容、方法、形式、水平等。无论是何种职业教育都必须坚持以人为本的逻辑起点，否则都无法适应社会、组织和个人的需要。农民工职业教育培训也正是在此基础之上展开的。

（4）影响因素。

①经济因素。

第一，经济增长状况。总体而言，只要经济处在持续稳定的增长状态过程中，尤其是在经济增长速度较快的情况下，职业教育将会迎来较快的发展。在经济增长的背景下，社会将带来更多的就业机会，从而促进职业教育规模的扩充；与此同时，随着就业机会的增多，失业人口减少，也会使得雇主为了争夺工人而积极地参与职业教育，带来职业教育模式的供给变化，从而促进职业教育的发展。

第二，经济发展水平。根据经济现代化的程度，可以由低到高把经济发展水平划分为四个阶段：传统农业型经济；虽然贫穷，但正在进行现代化的经济；富裕但仍在进行现代化的经济；富裕并且已完成现代化的经济。从世界各国的经济状况来看，尚没有国家完全进入第四个阶段，以美国、日本、德国等发达国家为第一梯队的国家也仍然处于第三阶段，而以中国、印度等为首的发展中国家正处于第二阶段。正是由于这些正在进行现代化建设的国家都非常重视经济的发展，因而提高社会劳动效率的职业教育就成为国家和企业的重要抓手，从而导致其不断加强对职业教育的重视，并不断调整职业教育的结构。

第三，理性化市场发展程度，即劣币驱逐良币的程度。一个混乱的、无竞争秩序的市场带来的不良后果必将是：市场主体不是通过提高产品质量来获得利润，而是通过假冒伪劣、虚假广告、坑害顾客、克扣拖欠工人工资、非理性地降低物料成本等手段，从而降低产品成本，获得利润。在这样的市场环境下，市场参与的主体将不会加强职业教育，提高劳动技术含量，以此改善产品质量，这样职业教育的发展也将受到极为不利的影响。只有当市场主体致力于提高产品质量时，市场各方才会对职业教育发展提出要求，才会积极地投入各类资源参与到职业教育当中来，从而促进职业教育规模的扩充和模式的转换。

第四，产业结构。工业革命的兴起，使得世界产业结构由以农业为主转向以工业为主，工业生产的不断发展使得劳动力规模的需求不断扩大，也促使了职业教育的大发展，最终建立了现代职业教育制度。当今世界产业结构正在发生巨大的变化，产业结构由以工业为主转向以服务为主，职业教育必然又面临一轮新的全面的变革。尽管这一变革已开始发生，但对于它在未来的发展，世界各国都在摸索。而对于人口众多、制造业密集的中国而言，其转型的任务既紧迫又严峻。

第五，企业规模与结构。企业规模和产业结构将极大地影响职业教育。如一个以大型企业为主的国家，由于主要的用人单位为大型企业，其雄厚的经济实力以及对企业文化的个性的突出强调，使其更倾向于实施企业内部培训；而中小企业由于缺乏足够的经济实力，无力实施个性化的培训，只能更倾向于劳动力的社会公共培养模式或者自学模式。

②社会因素。

第一，人口状况是影响职业教育最为重要的社会因素，其中人口的年龄结构、性别结构、学历结构、技能水平、出生率等社会要素都会在基础层面极大地影响职业教育的发展。

第二，社会阶层结构是影响职业教育的关键社会因素。一个社会的分层太过于明显，不同社会阶层之间的差距过大，社会成员之间流动困难，则有可能使社会成员希望通过教育来改变自己原有的社会地位，这将促使包括家庭在内的劳动者主体更多地选择普通教育，而不是职业技能类的教育。

第三，社会阶层的认知存在阶级性也将影响职业教育的普及化发展。正如中国千百年固有的"学而优则仕"、"书中自有黄金屋"等教育理念，都引导着千千万万的高考学子涌向普通高等院校的独木桥，而职业技术类院校则少有人问津。

③教育因素。

教育体系的发展程度和偏向，都将影响职业教育的发展。职业教育作为国家整个教育体系中的一部分，其与义务教育、普通高等教育等之间的相互关系和状况，也将影响到职业教育自身的发展。如当前中国职业教育规模不断缩小，便和1998年国家开始的高校扩招有着密切的联系。教育体系的发展，也将影响到职业教育模式乃至课程，如当今流行的校企合作也是得益于教育体系的发展。而职业教育自身的发展状况也会影响到职业教育自身，比如职业教育自身的软硬件设施条件、教育教学水平、专业课程设置的合理性等，都是影响职业教育发展的重要因素。

2. 农民工职业教育培训

（1）农民工职业教育培训从属于职业教育领域。

农民工职业教育培训是一种针对特殊历史群体——农民工的职业教育，而职业教育的根本宗旨就是实施就业教育，职业教育必须把实践性教学放在非常重要的地位①。因此，农民工职业教育在整个职业教育过程中，必须重点突出教学的技能性和操作性，把技能性和操作性的教学贯穿于教育的全过程，而且其教学课时在整个职业教育的教学课时中占有很大的比重。

（2）农民工职业教育培训强调引导性。

农民工作为一个过渡性的特殊社会阶层，其兼具的农民社会属性和产业工人职业属性仍然处于模糊状态，因此在引导农民工进城的过程中，必须克

---

① 见《国务院关于大力发展职业教育的决定》（国发〔2005〕35号）。

服农民工的"自卑感",增加农民工的城市居民阶级认同感,在农民工职业教育培训的过程中,应设置相应的课程,引导农民工逐渐减少其农民属性,增加对产业工人身份的认同感。

因此,这类引导性培训应该包括开展基本权益保护、法律知识、城市生活常识、市民意识、寻找就业岗位等方面知识的培训,目的在于提高农民工市民化后遵守法律法规和依法维护自身权益的意识,树立新的就业观和人生价值观。

这种引导性教育又属于一般性教育,对于专业化生产的企业而言,对这种培训的投入可能引起培训成本的沉没。因此,这种引导性培训应该以各级政府为主导,统筹组织各类教育培训资源和社会力量来开展。否则,社会其他主体将由于沉没成本的巨大而无力推动。

(3) 农民工职业教育培训对农村基础义务教育具有补充性。

有学者强调,职业教育的前提和基础是建立在普通教育之上的,但是农村基础义务教育一直以来是我国基础教育的软肋。长期以来中国社会的城乡二元结构,导致国家对农村基础义务教育的投入远远低于城市,从而导致农村失学儿童较多,受教育程度不高等教育现状。虽然近年来国家加大了农村地区的义务教育,但是相当一批70年代、80年代出生的农民已经转移到了城市,其作为教育断层的一代,国家必须要通过职业教育来弥合社会的教育缺口。这也是2014年开始的城镇化进程所要实现的人的城镇化的重要一环。

面对当今国家产业转型、城市加速发展的局面,农民工的受教育程度是明显不足以应付工作要求的。因此,无论是从过去我国具有倾斜性的制度来看还是从当今非农产业发展的客观需要来看,农民工职业教育培训与农民工义务教育都具有明显的互补性。

3. 政府责任

随着我国市场经济制度的初步确立,政府的管理模式逐渐由"人治型政府"向"法治型政府"转变;职能体系正在由"全能型政府"向"有限型政府"转变;政府治理理念正在由"统治型政府"向"服务型政府"转变。具体而言,政府的主要职能已逐步从过去的直接干预经济生活向维护公共秩序、提供公共产品、管理公共事务、实现社会公正转变，并且"以人为本"已经成为政府的管理理念。从政府职能方面考察农民工职业教育培训的政府责任，正是由于农民工职业教育培训领域处于"政府无为，市场无利，农民工无钱"的状况①，使得提供教育培训服务成为政府公共管理领域不容推卸的责任。

从农民工职业教育培训这一产品的性质分析，正是由于农民工职业教育培训对义务教育的补充性奠定了政府不可推卸的责任。而农民工职业教育培训对义务教育的补充性，使得农民工职业教育培训成为社会转型的特殊历史时期的准公共产品。

总而言之，农民工职业教育培训领域的政府责任是基于农民工职业教育培训这一产品的准公共性质和政府公共管理职能而提出的，政府为了弥补在农村基础义务教育领域存在的不足，同时也为了满足提高社会劳动力水平的需要，促进产业升级而应承担此公共义务。因此农民工职业教育培训应该是由政府主导，而非政府行政命令式的推进。

3.1.2 农民工职业教育理论研究

1. 公共产品理论

公共产品相对于私人产品而言，是用于满足社会公共需要、具有非竞争性与非排他性的社会产品。它是个体或私人主体所不愿提供或提供不了的，但又是社会和经济发展所必不可少的那些产品和服务，是每个社会公民和主体共同利益的体现。

根据公共产品的分类，公共产品可分为纯公共产品和准公共产品两大类。具有绝对的非竞争性和非排他性的社会产品是纯公共产品，包括公共基础设施、义务教育、国家防务等；在现实生活中，同时集非排他性和非竞争性这两个特征于一身的公共产品并不多，大部分公共产品都具有"拥挤性"，即每

---

① 曾一昕. 论二元劳动力市场下农民工人力资本提升的制度困境. 江汉论坛，2007 (1)：84~87.

位消费者所享受到的这种准公共产品之间是负相关的①。

根据上文的分析可知，农民工职业教育培训的教育性质、引导性和互补性决定了其属于准公共产品。官永彬认为，纯公共产品一般采取中央政府供给型模式；准公共产品，根据其受益范围和排他成本的大小，可以采取基层政府与私人混合供给型、民间供给型与私人供给型等三种模式②。

本研究认为，农民工职业教育培训作为社会的准公共产品，政府应该肩负起引导作用，调动社会资源，共同参与职业教育培训，提高农民工职业劳动技能，从而提高企业的劳动效率和产出效能，最终推动企业和社会的整体发展。

2. 知识资本化理论

约翰·肯尼斯·加尔布雷斯是第一个提出知识资本这一概念的，他于1991年在其经典论文《知识资本：如何成为美国最有价值的资产》中提出了知识资本概念。而作为知识资本理论的著名研究者，斯图尔特论证了知识资本是企业、组织和一个国家最具价值的资产，其作为一种有形或者无形的方式存在于人和组织当中，斯图尔特将长期以来被世人所忽视的知识资本及其重要性揭示出来，极大地推动了该领域的实证研究。无论从理论上还是从实践中均已经证明，知识资本在当今经济生活中已经占据了重要地位。

结合国内外学者的研究，知识资本是指能够给企业带来利润的无形资产。其主要包括三个方面的内容：一是聚集于劳动者自身的综合素质、劳动技能、思想、意识等；二是企业的结构、制度、文化等；三是企业的品牌、信誉、顾客的忠诚度等。知识资本化，主要是指把以知识为代表的企业无形资产转化为可以到市场上出售的知识产品或某种服务，使企业资产增值的过程，其中，主要包含了衡量生产力先进性与否的三个标准之一的劳动者素质。

我国在三十多年的经济高速发展过程中，较为重视有形生产资料的积累和建设，而相对忽视了知识资本化的重要性。国家的职业教育，尤其是农民

① 孙开等. 公共产品供给与公共支出研究. 大连：东北财经大学出版社，2006. 3~6.
② 官永彬. 农村公共产品供给制度：现状、形成机理与目标模式选择. 山东农业大学学报（社会科学版），2005（1）：56~59，119.

工职业教育作为积累知识资本的重要途径也被相对弱化。但是随着国家硬件设施的逐步完善，劳动者素质的提高已经被摆在越来越重要的位置。这也推动着国家职业教育的理论研究和实践发展。

3. 马斯洛需求层次理论

马斯洛需求层次理论是行为科学的理论之一，由美国心理学家亚伯拉罕·马斯洛于 1943 年在《人类激励理论》论文中提出。马斯洛认为，人类价值体系存在两类不同需求：一是沿生物谱系上升方向逐渐变弱的本能或冲动，称为低级需求和生理需求；二是随生物进化而逐渐显现的潜能或需求，称为高级需求①。

具体而言，人类的需求可分为五种不同层次的需求，即生理需求、安全需求、社交需求、尊重需求和自我实现需求，而不同时期对各种需求的迫切程度也不同。首先，生理、安全和感情上的需求都属于低层次需求，通过外部条件可以得到满足。低层次需求基本满足后，它们的激励作用就会降低，进而向高层次的需求发展。其次，对尊重的需求和自我实现的需求则是高层次需求，通过内部因素才能满足，而且是无止境的，是推动行为的主要原因。

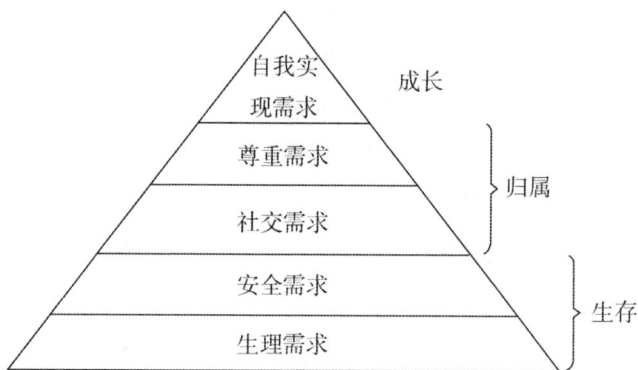

图 3-1 马斯洛需求层次图

---

① ［美］A. H. 马斯洛. 动机与人格. 许金声，程朝翔译. 北京：华夏出版社，1987.

（1）第一层次：生理需求。

生理需求是指如果这一层次的需求中的任何一项得不到满足，人类个人的生理机能就无法正常运转，人类的生命就会因此受到威胁。从这个意义上说，生理需求是推动人们行动最为重要的动力。马斯洛强调，一方面，只有这些最基本的需求满足到维持生存所必需的程度后，其他层次的需求才能成为新的激励因素；另一方面，当达到这种满足需求的状态时，这些已相对满足的需求也就不再成为激励因素了，换句话说这些需求也就对人们没有激励作用了。

（2）第二层次：安全需求。

马斯洛认为，整个有机体是一个追求安全的机制，人的感受器官、效应器官、智能感官、生物有机体系统以及其他生理反应，都是寻求安全的工具。当然，当这种需要一旦相对满足后，也就不再成为激励因素了。

（3）第三层次：社交需求。

作为社会人，每个人都希望与他人建立一定的社会关系，存在一定的情感互动，并形成感情的依偎。感情上的需求比生理上的需求更细致，它和一个人的生理特性、经历、教育、宗教信仰等都有较大的关系。

（4）第四层次：尊重需求。

每个人都希望自己有稳定的社会地位，个人能力和工作成就能够得到社会的认可。其中，尊重需求可分为内部尊重和外部尊重两部分。内部尊重，即自尊，是指一个人希望在各种不同情境中对自我认知的程度较高，有能力胜任一定的工作，对待事物充满信心，对待决策能够独立自主；外部尊重是指一个人希望享有较高的地位，在社会上有较高的威信，在社会交往中能够得到别人的尊重、信赖和高度的评价。马斯洛强调，尊重需要得到满足后，能使人对自己充满信心，对社会满怀热情，体验到自己活着的价值；反之，人就会意志消沉，对待人和事变得消极，进而形成抑郁情绪。

（5）第五层次：自我实现需求。

自我实现需求是人类最高层次的需求，是指实现个人理想、信念和抱负，最大程度地发挥个人的能力，不断增强解决问题的能力，不断提高自觉性和感悟性，能够完成与自己的能力相称的一切事情的需求。马斯洛同时提出，为满足自我实现需求所采取的途径是因人而异的，没有一个统一的标准，更没有人生价值高低贵贱之分。自我实现需求是努力发挥自己的潜力，使自己逐步成为自己所期望的人。

4. 农民工职业技能需求层次理论

本研究根据马斯洛需求层次理论构建了农民工职业技能需求层次图，如图 3 − 2 所示。

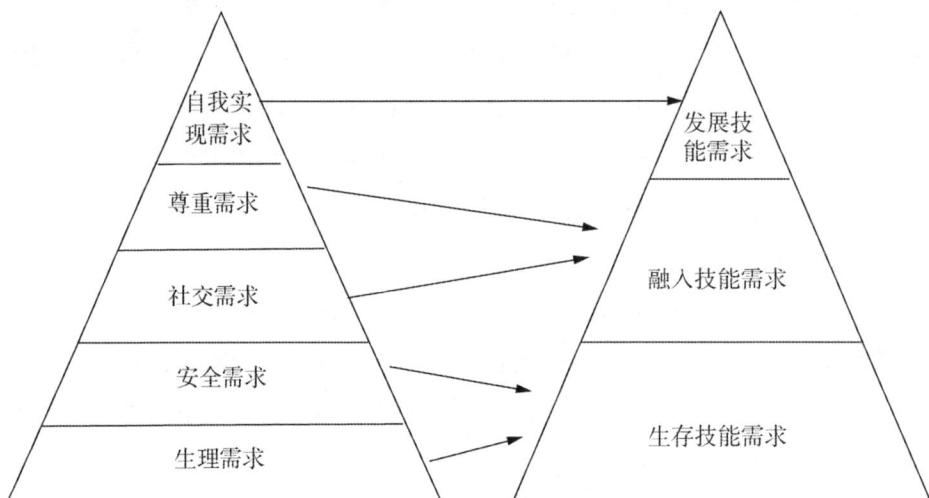

图 3 − 2　马斯洛需求层次图与农民工职业技能需求层次图

农民工作为一个受教育程度不高、进入陌生环境不久的特殊群体，在与城市以及相关社会主体的不断互动过程中，其个人的需要也是随之不断变化和发展的。而其作为重要的劳动要素，劳动技能的需求必然随着其生活经历、工作岗位、职务等的发展而不断发展。结合马斯洛需求层次理论，本研究构建了农民工职业技能需求层次理论，以建立农民工职业教育培训的理论基石，更好地指导实践和未来的研究。

（1）生存技能需求。

农民工在刚进入城市的初期，其对于生存和安全必然有强烈的需求，而其对技能的需求则是对生存技能的强烈需求。农民工进城后希望能够迅速掌握一定的劳动技能，以便尽快就业，实现基本的生存需要。这种技能必须是能够迅速转化为生产力或者有利于劳动力存在和发展的，例如简单的劳动技术、安全保障知识等。

（2）融入技能需求。

对于进入城市时间较长的农民工而言，其对城市的生存之道已经基本掌握，但是由于其劳动生活的圈子仍然以工厂或者农民工自身的圈子为主，其与城市的融合度、与城市其他主体的互动程度、关于合法保护自身劳动权益的知识等仍然缺乏。农民工必然产生融入社会、融入城市、融入企业的需求，这种需求虽然不直接促进生产的发展和效率的提高，却极大地影响着农民工对工作的态度，最后也必然会反映到工作中来。当这种需求得到满足后，其对城市的依恋也必然增加，最终将沉淀为城市的知识资本。

（3）发展技能需求。

当农民工基本适应了城市的生活和企业的运作后，必然产生对城市的依恋和对企业的责任感，这种情感也必将演化为自我实现的需求，尤其是对于逐步走向管理岗位承担更多企业责任、逐步移居城市的农民工而言，具体表现为自身对各种管理技能、企业文化、城市文化的学习等需求。

3.1.3 国内外关于农民工职业教育研究的概述

1. 国内对农民工职业教育与政府责任关系的研究现状和发展趋势

从目前的研究来看，国内学者和机构针对农民工的职业教育培训已经作了一定的研究，但是结合政府责任的实证研究还很少，而且对于职业培训的研究基本上是定性研究，定量分析还是很少。

（1）研究成果。

①论述了农民工职业教育培训的必要性。

学术界运用人力资本理论和人本发展经济学阐释了农民工职业教育培训的重要性。李宝元（2006）认为，职业教育培训是人力资源开发、人力资本形成的主要途径和形式，也是一个人或社会获得全面自由发展能力的基本方式和方法。魏敏（2005）等学者论证了劳动者质量与个人收入及经济增长的关系，明确指出职业教育培训对于提高农民工职业素质具有非常重要的作用。部分学者强调指出，改变农民工的现状、实现农民工的城镇化，最重要的方式就是职业教育培训，通过产业劳动的方式，逐步实现农民工身份和职业的统一。

②分析了农民工职业教育培训滞后的原因。

学者们普遍指出农民工职业教育培训处于"有效供给不足"与"需求不旺"的矛盾现状。一方面是供给市场存在"政府无为、市场无利、企业不管"的状况，从而导致作为准公共产品的农民工职业教育培训处于无人供给的局面；另一方面是农民工参与培训的意愿比较强烈与参与门槛比较高的矛盾现状（许小青，柳建华，2005）。而针对这些并存的矛盾现状，学者们普遍指出二元经济结构的社会制度是制约农民工职业教育培训的根本原因（曾一昕，2007），另外农民工收入水平、受教育的程度、留城倾向等社会方面和经济方面的因素也是不可忽视的原因（国务院研究室，2006）。

③提出了解决农民工职业教育培训的一些对策。

国内专家指出，政府应该发挥宏观调控的导向作用，增加对农民工的公共服务投入，构建农民工职业教育与就业的体系，从根本上提高农民工的职业技能水平，改善农民工的生存状况（谢建社，2005）；另外，李湘萍提出了农民工职业教育培训的"富平模式"，即"民办公助的培训——一站式的就业模式——一体化的权益保障网络"的农民工培训就业新模式（李湘萍，2005）。

同时，为了支持那些有一定才能并希望开创自己事业的失业者，国家开展了自主就业计划。对相关失业者进行测试和筛选，并对入选者进行相应的培训，帮助其制订计划和办理必要的手续，通过合同提供一定数额的启动资金。（张惠娟，2011）

（2）研究的不足。

总的来说，国内学者对农民工职业教育培训的研究成果比较多，但从政府责任角度，结合实证的研究方法研究农民工职业教育培训的成果相对较少；理论研究成果较多，实证研究成果相对较少；定性研究较多，定量分析较少。研究存在如下分歧和不足：

①对农民工职业教育属性的界定，学术界的研究尚显薄弱。

农民工职业教育培训是私人物品还是公共物品，或者是两者兼而有之，这是研究政府责任的关键。如果农民工职业教育培训是私人物品，其产品应该由市场供给，如用人单位、市场化的培训机构，或者是农民工自身；如果农民工职业教育培训是公共物品，政府就应该担负起供给的责任。如果是混合物品，也存在对政府和农民工责任的分别界定问题。但是目前国内的研究仍然较少从理论和实证两个层面对此进行分析。

②对农民工参与职业教育培训热情不高的原因分析仍显力度不够。

农民工不积极接受职业培训，除了经济原因外，是否还有更深层次的社会方面、政府方面、文化方面、教育体系本身的原因呢？这些原因在当前的社会环境和资源匹配情况下，是否有有效的解决办法？只有把这些原因了解清楚，研究透彻，才能够找到全社会推动农民工职业教育培训的着力点，从而更好、更快、更有质量地推动这一关系国计民生的工作。

③对政府在农民工职业教育培训中的责任研究不足。

中国是一个政府主导型的社会，农民工职业教育的研究始终受政策框架的束缚，政府不能在农民工职业教育中唱主角，导致政府对农民工职业教育责任承担不够，研究实践滞后，政策、财力、组织不到位，社会宣传教育不足，社会主体发动不力等。

2. 国外对农民工职业教育培训与政府责任关系的研究现状和发展趋势

美国著名经济学家舒尔茨①基于人力资本的角度对劳动力的多个维度进行

---

① ［美］西奥多·W. 舒尔茨. 人力资本投资：教育和研究的作用. 蒋斌等译. 北京：商务印书馆，1990.

了深入的研究，他认为人力资本是决定农村剩余劳动力能否转移的决定性因素，人力资本越高，农民从事非农劳动的机会就越多，从事非农劳动的报酬也就越高。世界各国都认识到了提高农民文化水平对他们接受农业科技和先进管理方法，推广工业技术具有重要作用。

1962 年，时任美国总统肯尼迪签署了《人力发展与培训法》（*The Manpower Development and Training Act of* 1962），开创了联邦人力发展培训计划的新纪元。1966 年又通过了《人力发展与培训法》的修正案。与以上两个法案相辅相成的另一部重要的法案是 1964 年的《经济机会法》（*The Economic Opportunity Act of* 1964）。美国通过制定一系列的法律，使得美国在 20 世纪中期就已经在人力资源培训领域开创了政府主导公共人力资源培训的先河，甚至有专家认为这改变了美国 20 世纪的整体人力政策目标①。美国一系列法规的出台，极大地推动了当年低收入者和基层劳动者的职业技能培训，这对美国制造业的腾飞，乃至日后服务业和金融业的全面崛起都起到了至关重要的作用，从而为实现美国超级大国的地位奠定了坚实的基础。

在实践领域，美国把一系列培训计划和职业项目统一到"一揽子职业中心"，大大提高了再就业培训的针对性以及培训后的就业率，从而提高了培训的时效性和劳动者培训的积极性。其"一揽子职业中心"的主要职能包括：一是提供全国各地的职业培训计划及实施机构情况、再就业服务项目情况以及劳动力市场信息；二是对求职者进行评估和测试，以帮助其选择适合的职业培训计划；三是开展职业介绍，进行工作与劳动者配对工作；四是宣传介绍失业保险等相关规定，帮助失业者领取失业保险金，提高劳动者的权益保护意识；五是接待与就业有关的一切咨询，并协助解决问题，减少劳动者与劳动市场的信息不对称问题。

德国作为世界制造业大国，其在劳动力培训与就业服务方面的政策制定、组织实施等都是世界先进的。国家层面制定的有关劳动力培训与就业政策主

---

① Nicholas M. Kiefer. Manpower Policies and Programs：A Review，1935 – 1975. *The Journal of Business*，1977，50（1）：98 – 99.

要包括：一是做好职业介绍工作，在劳工局下增设人员服务公司，并增加专门工作人员；二是发放培训券，让失业人员根据需要寻找合适的培训机构，培训机构再拿培训券到当地劳工局换取培训费用；三是政府提供创业补贴，鼓励失业人员进行自主创业；四是制定一系列优惠政策，鼓励老龄劳动者继续留在劳动力市场，以缓解人口老龄化带来的压力；五是将联邦政府发放的失业救济金和由地方政府发放的社会救济金合二为一，统一由一个部门发放，为失业人员提供更快速的一站式服务。

俄罗斯作为传统的经济大国，其劳动政策也有诸多可以学习和借鉴的地方。近年来俄罗斯不断完善实施了"失业者俱乐部"、"新起点计划"等一系列劳动就业政策。劳动部门通过对低收入者或者失业者进行咨询和专门的培训，使其掌握独立谋求职业的方法和技巧，帮助其克服心理障碍，恢复信心。实践证明，此类计划所需资金量少，结果令人比较满意。俄罗斯大国地位的持续恢复，也有赖于这些劳动政策所给予的支持。

它山之石，可以攻玉。我国全面对农民工进行职业教育培训刚刚起步，在政策、管理、宣传、监管多个环节上还有许多不足之处。尽管国情有所不同，但是发达国家的政策制定、管理实践等方面的经验，我们仍然是可以借鉴的。从国外劳动力培训及就业实践的成功经验中可以完善农民工培训问题的解决之道，以提高我国农民工职业教育培训的实效，为实现中华民族的伟大复兴贡献应有之力。

3.2 农民工职业教育培训现状概述

经过美国金融危机洗礼的全球经济正在经历缓慢的恢复过程，相应的世界经济结构也面临新一轮的调整，如美国本土制造业回归，东南亚制造业面临巨大的产业转移机遇，中国由于劳动力成本上涨、土地资源匮乏、环境污染日益严重等原因面临着巨大的转型升级的压力，这些经济起伏的发展脉络表明全球产业并非简单的传统制造业回归和重复建立，而是全球制造业的结构性调整。其中，发达国家的核心战略旨在运用手中尖端的科学技术和庞大的人才队伍打造高端核心制造业和相应的服务业务，从而持续保持在全球范围内或者区域范围内的竞争优势地位，而发展中国家则力争在部分新兴制造业内寻求突破，以期在未来的全球竞争中占有一席之地。

面对风云变幻的全球经济，中国产业转型升级同样甚至更为严酷地面对发达国家和发展中国家的共同竞争。促进产业结构优化升级，推进经济增长方式转变是目前中国经济发展的主要趋势，但产业转型升级离开了创新驱动、科技引领和人才支撑这三大要素，我们就不可能实现真正意义上的转型，而只能形成转型的软肋、升级的短板、增长的硬伤，不利于国家经济的长远发展。尤其是人才支撑方面，作为产业工人队伍里面庞大的农民工群体，从当前农民工队伍整体素质来看，很难适应企业转型、产业升级的需求，更无法参与世界范围内的人才竞争。因此，科技创新和人才建设毫无疑问应该是实现产业升级的两个关键抓手。人是生产力中最活跃的因素，没有一支可观的创新型高端科技人才队伍作支撑，要实现产业吐故纳新、更新换代或独领风骚是不可能的。努力打造人才高地，让农民工队伍成为产业升级的主力军，这是政府、企业和农民工自身的客观要求。

改革开放三十多年来，在中国经济持续快速的增长过程中，庞大的农民工群体发挥了十分巨大的作用，但与此同时农民工职业技能水平普遍较低也是一个不争的事实。由于城乡二元体制的约束，一方面，农民工长期生活在农村这个自给自足、相对封闭的小农经济社会里，接受着低水平的文化教育；另一方面，他们也悠然自得地享受着农业经济的自由、闲散、缺乏追求的人生观念。这使得一代又一代的进城农民工都是以养家糊口为目的，缺乏长远的考虑。尤其是新生代的农民工，同样缺乏产业工人、市民等概念，更不会去考虑市民化、城市化、现代化等更高层次的问题，他们对先进文化更是不屑一顾的。显而易见，这样的农民工与现代产业工人相距甚远。这样的历史与现实导致农民工的思维趋于保守，不思进取，不敢进取，加上社会职业教育的缺陷，已经严重影响了其自身的发展，更影响了工业产品的竞争力和产业的升级改造。

中商情报网在 2012 年针对全国范围内农民工进行的调查统计显示，整体
上农民工受教育程度较低，职业教育培训任重道远。根据表 3 - 1 可知，农民
工受教育程度具体为：农民工文化程度为文盲的占 1.5%，小学文化程度的占
14.3%，初中文化程度的占 60.5%，高中文化程度的占 13.3%，中专及以上
文化程度的占 10.4%；外出农民工和年轻农民工中，高中及以上文化程度的
分别占 26.5% 和 36.4%；外出农民工的受教育水平高于本地农民工，农民工
受教育水平又明显高于非农民工。

表 3 - 1　全国农民工受教育水平现状　　　　　　　单位:%

	非农民工	全部农民工	本地农民工	外出农民工	30 岁以下农民工
不识字或识字很少	8.3	1.5	2.0	1.0	0.3
小学	33.8	14.3	18.4	10.5	5.5
初中	47.0	60.5	58.9	62.0	57.8
高中	8.0	13.3	13.8	12.8	14.7
中专	1.5	4.7	3.3	5.9	9.1
大专及以上	1.4	5.7	3.6	7.8	12.6

注：2012 年中国不同年龄组农民工参加培训情况统计见中商情报网，2013 - 06 - 05。

从表 3 - 2 可知，全国范围内农民工职业教育培训的情况也不容乐观。在
农民工中，接受过农业技术培训的占 10.1%，接受过非农业技能培训的占
24.1%，既没有参加农业技术培训也没有参加非农业技能培训的农民工占
70.8%，青年农民工接受非农业技能培训的比例要高于年长的农民工，年长
的农民工接受农业技术培训的比例要高于青年农民工，年龄层次越低，接受
农业技术培训的比例也越低。

表 3-2　全国农民工农业技术培训现状　　　　　　单位:%

	参加过农业技术培训	参加过非农业技能培训	两项培训都没有参加过
16~20 岁	4.0	22.3	76.0
21~30 岁	6.2	31.6	66.0
31~40 岁	11.0	26.7	68.0
41~50 岁	14.9	23.1	69.5
50 岁以上	14.5	16.9	74.5
平均	10.1	24.1	70.8

注：2012 年中国不同年龄组农民工参加培训情况统计见中商情报网，2013-06-05。

3.3　广州农民工职业教育培训实证调查

3.3.1　农民工职业教育培训需求与现实差距

1. 农民工职业教育培训需求分类

结合农民工技能需求层次理论的分层，本研究把农民工的职业教育培训需求分为三大类，其中生存层次的技能以职业技术为主，主要包括职业技术、职业道德、规章制度三个方面；融入层次的技能以权益类保障为主，主要包括劳动权益保障、安全保障知识、法律常识三个方面；发展层次的技能以综合素质类为主，主要包括管理技能、科学文化知识、软文化三个方面。

2. 农民工职业教育培训需求差距分析

基于农民工技能需求理论的分析框架，本研究对广州地区农民工内在需求与实际接受过的培训内容进行了深入而细致的调查，并对数据进行了综合分析，详见表 3-3。

表3-3　农民工职业教育培训需求与现实差距

项目		内在需求		实际满足		差距（%）
		样本数	频率（%）	样本数	频率（%）	
职业技能（生存技能）	职业技术	258	76.33	201	59.47	-16.86
	职业道德	142	42.01	102	30.18	-11.83
	规章制度	99	29.29	119	35.21	5.92
权益保障（融入技能）	劳动权益保障	235	69.53	141	41.72	-27.81
	安全保障知识	182	53.85	186	55.03	1.18
	法律常识	139	41.12	95	28.11	-13.01
综合素质（发展技能）	管理技能	112	33.14	61	18.05	-15.09
	科学文化知识	96	28.40	38	11.24	-17.16
	软文化	25	7.40	19	5.62	-1.78

（1）农民工职业教育培训内在需求状况。

从调查中发现，农民工在职业教育培训内在需求方面，最为需要的是"职业技术"，频率为76.33%，而对规章制度的内在需求只有29.29%。这种悬殊情况的出现，一方面与农民工所处的职位层级较低和从事的工种直接相关，农民工需要职业技术才能谋求到更好的工作，从而得到更高的收入，这也是农民工进城务工的初衷；另一方面，这也与广州地区乃至整个国家都在进行的产业转型升级有密切的关系，持续发展的机器设备和日益高深的制造工艺都在要求农民工自身要掌握更高的技术才能适应，这也为农民工职业教育培训提供了外部的需求动力和职业压力。

在权益保障领域，排在首位的是69.53%的"劳动权益保障"，这与农民工经常被拖欠工资、劳动环境恶劣、普遍缺乏法律常识的现状相吻合。国家劳动与社会保障部调查统计结果显示，全国被拖欠的农民工工资已近千亿元①，全国各地农民工为讨得工资而采取过激行为的事件也时有发生。而且近70%的内在需求也表明，农民工自身的权益意识已经开始觉醒，极低成本的劳动剪刀差的时代已经过去，国家、企业都应该做好主动应对的工作。

在综合素质领域，"管理技能"的频率为33.14%，表明第一代农民工经过多年的打拼，虽然身份仍然是农民，但是其已经跻身企业的管理层，存在管理类劳动技能的培训需求；"科学文化知识"的频率仅有28.40%，表明广州地区的农民工对自身的文化素质缺陷还没有很清楚的认识，不能完全理解知识改变命运的道理，或者说不敢通过学习来改变命运；而"软文化"的频率仅为7.40%，说明广州地区的农民工仍然处于市民意识的萌芽阶段，这一方面是由于农民工对文化内涵方面的了解仍然非常缺乏，另一方面是由于各方保障制度的不健全使得农民工没有"市民感"。本书所指的"软文化"是指市民意识、企业文化、城市认同感等文化因素。

（2）农民工职业教育培训实际满足状况。

从农民工实际接受职业教育培训的情况看，在职业技能领域，"职业技术"仍然被用人单位和劳动者个人普遍看重，满足频率达到59.47%。这与双方的需求都是契合的，如企业需要高效率的产业工人，农民工需要较高的技术以获得更高的回报。但是总体而言，不到60%的需求满足频率仍然是偏低的，远远不能满足企业的需求。

在权益保障领域，"安全保障知识"和"劳动权益保障"分别以55.03%和41.72%排在前两位，也从一定程度上反映了用人单位开始重视农民工的人身安全，这与国家的安全监察法规逐渐完善，劳动权益保障管理逐步完善，监管执行力度逐步加强密切相关，这应该是值得高度肯定的地方。但是"法律常识"却仅为28.11%，与前两者相距甚远，表明现在用人单位仍然不注重农民工的法律意识。这也可以从另一个方面看到：社会上出现的各类农民工

---

① 全国被拖欠民工工资千亿 专家给民工"支招儿"，http：//finance.sina.com.cn/crz/20031124/1128532497.shtml。

暴力维权的新闻事件，其实正是缺乏法律意识给劳资双方所带来的恶果。

在综合素质领域，反映出农民工整体受教育程度较低，这不仅不被企业所重视，农民工自身也反应不强烈。"科学文化知识"和"软文化"的频率最低，仅为11.24%和5.62%。这是一个非常值得重视的现象，根据研究者对用工单位和农民工的深度访谈了解到，农民工打工的相当部分收入都用在孩子的教育上，表明农民工对科学文化知识的重视程度和作用是非常了解的，也把人生的希望寄托于下一代身上，但是对于自身的文化需求却不强烈。研究者认为，广州地区的农民工仍然没有树立终身学习的观念。而其对"软文化"的实际学习，更是少之又少，这里面集中反映了三个问题：一是表明用人单位只是把企业和农民工之间的关系定位为一种临时雇佣关系，并没有把农民工作为企业的一种重要人力资源，更没有对其长期培养的设想；二是农民工也仅仅把所在的企业和广州当作人生的一个驿站，没有长期发展的意愿，这就进一步加大了农民工的流动性；三是现在的"80后"尤其是"90后"，对工作的追求和对事业的向往程度，远远不及上一代农民工，其流动性高的一个重要原因就是其对职业教育需求的不足。

（3）农民工职业教育培训差距状况分析。

考察"内在需求"与"实际满足"之间的差距我们发现，农民工大部分的职业教育培训需求都没有得到满足，仅有"规章制度"与"安全保障知识"得到了超额满足。这主要是由于用人单位对规章制度和安全保障的重视，也体现了企业对农民工的管理方式仍然是坚持制度管理的僵化模式；与此同时也能看出，在微观的职业教育培训方面，用人单位是占了主导地位的，如果职业教育培训不能充分调动企业的积极性，那么培训的效果将大打折扣。

培训差距排在前三位的是"劳动权益保障"、"科学文化知识"和"职业技术"，分别为 -27.81%、 -17.16% 和 -16.86%。综合分析来看，劳动权益保障和职业技术充分反映了农民工自身觉悟的提高，其对提高职业技术水平是充满期待的，但是对于科学文化知识，却属于低水平的需求差距，这也印证了农民工的各种短期行为。以上表明政府应该在这三个领域加大投入和引导，满足农民工职业教育培训的内在需要。

3.3.2 农民工职业教育培训的组织形式

农民工职业教育培训的组织形式是指农民工职业教育培训所采用的组织安排形式,包括学徒工、企业提供的专门培训、政府组织的培训以及培训机构提供的付费培训。自学作为一种重要的学习补充方式,本研究仅将其作为参照指标列入调查范围。

根据表3-4可知,农民工学习掌握工作技能的方式仍然以自学和传统的当学徒工为主,二者的频率分别有52.66%和40.24%。第一,这与农民工自身的教育背景和综合素质是直接相关的,由于农民工自身的文化水平和接受新兴事物的能力较低,其不可能接受高水平、高强度的技术学习。第二,这两种学习方式占主要地位与农民工自身工作特征有很大的关系。农民工从事的工作的技术含量仍然较低,属于劳动重复性的较多,其用人单位和农民工自身都认为自学或者当学徒工就能胜任工作,但是随着产业的升级换代,机械化和自动化程度的日益提高,这种教育培训方式将不能适应未来劳动力市场的需要。第三,这是由农民工自身收入水平所制约的。一方面,由于农民工的收入仍然较低,不可能去接受高额花费的培训教育,另一方面在没有明确的投入与产出预期的情况下,农民工认为培训的投入可能得不到快速而有效的回报,而且未来返乡后这样的技术是否还能用得上,也是一个重要的考虑因素。

表3-4 农民工职业教育培训方式

项目	样本数	频率
自学	178	52.66
当学徒工	136	40.24
企业专门培训	90	26.63
政府组织的培训	35	10.36
社会培训机构提供的付费培训	52	15.38

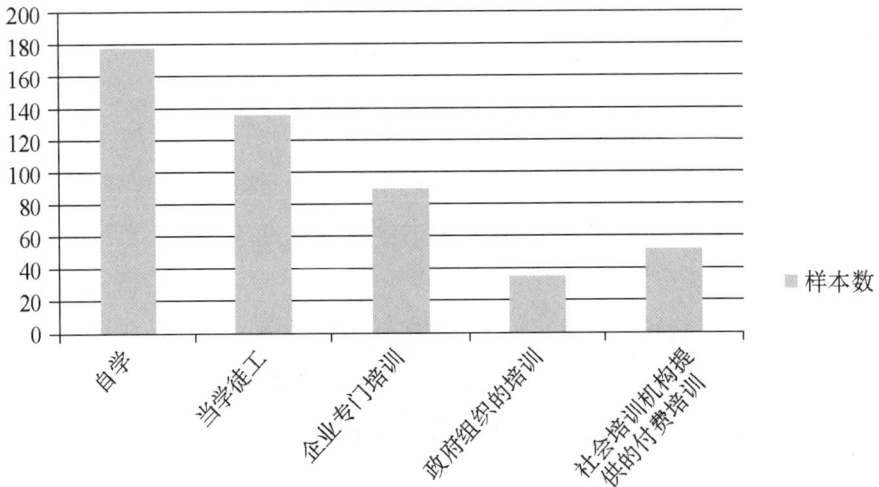

图 3 - 3　农民工职业教育培训方式

企业提供的岗前培训、专业化培训只有 26.63%，与日益自动化和智能化的现代企业生产方式相比，明显处于较低水平。这表明企业对劳动者技能培训的重视程度仍然不够，并且也不愿花费巨资对农民工进行职业培训，这主要是因为农民工处于企业劳动技术的底端，其从事的工作不需要较高的技术要求；另外，这与农民工的频繁流动有很重要的关系。从表 3 - 5 可以看出，农民工每份工作的周期都相对较短，工作周期在一年以内的占 59.47%，表明一年内频繁调换工作单位的农民工接近 60%，而连续工作满三年以上的农民工却只有 11.83%。对于企业而言，对农民工实施全方位的技能培训，不仅意味着劳动时间的支出，也意味着企业要付出较大的培训成本支出。如果在现行宏观政策和农民工职业观念没有改变的状况下，企业加大对农民工职业教育培训的投入将有可能使企业的沉没成本增大，收益不明确。在这种情况之下，企业肯定不会重视工人的培训和企业人力资本的积累，而只会采用竭泽而渔的用工方式进行生产运作。

政府组织培训的频数为 10.36%，仍然处于较低水平。这充分表明虽然自 2003 年起政府启动实施了针对外出务工人员劳动技能提升的"阳光工程"，但是取得的效果仍不算显著，其受众面仍然不广。

社会培训机构提供的付费培训的频数为 15.38%，表明社会培训机构提供的付费培训仍然没有被普遍接受。这与农民工收入较低、留城发展预期不明确所形成的矛盾有较大的关系。农民工仍然面临诸多生存的困境，其自行付费培训的意愿肯定是不高的；与此同时，根据对相关人员的深度访谈可知，这也与培训内容的有效性和实用性密切相关。

表 3-5　农民工工作周期

项目	样本数	百分比	累进百分比
临工	22	6.51	6.51
三个月	21	6.21	12.72
半年	40	11.83	24.55
一年	118	34.91	59.46
两年	97	28.70	88.16
三年以上	40	11.83	99.99

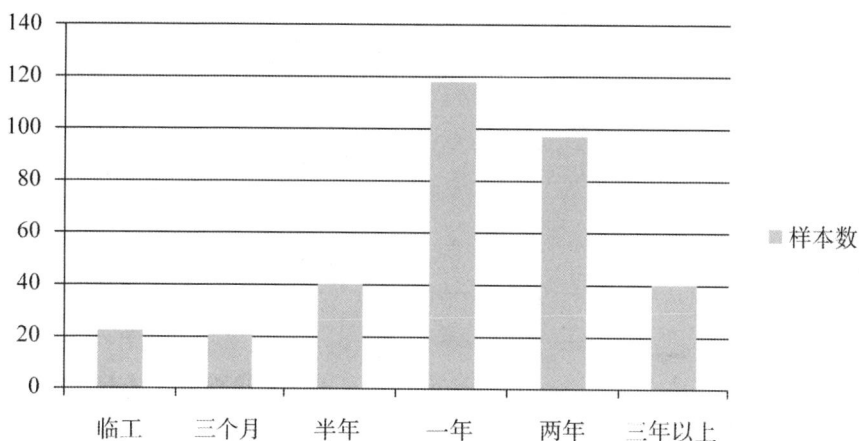

图 3-4　农民工工作周期图

3.3.3 农民工职业教育培训组织形式的满意度

农民工职业教育培训组织形式的满意度主要指农民工对接受的培训内容是否能适应实际工作的需要、是否有利于提高农民工职业技能、是否有利于提高农民工的收入水平的满意程度。它是农民工对职业教育培训组织形式满意度的核心评价标准。如果农民工职业教育培训的满意度较低，将影响他们参与培训的积极性，形成恶性循环。

表 3－6　农民工职业教育培训组织形式的满意度

项目		赋值	样本数	算术平均值
自学	非常有用	4	54	2.850
	有用	3	116	
	一般	2	61	
	完全没用	1	15	
当学徒工	非常有用	4	19	2.715
	有用	3	82	
	一般	2	26	
	完全没用	1	17	
企业专门培训	非常有用	4	40	3.061
	有用	3	50	
	一般	2	15	
	完全没用	1	9	
政府组织的培训	非常有用	4	12	2.705
	有用	3	27	
	一般	2	14	
	完全没用	1	8	

（续上表）

项目		赋值	样本数	算术平均值
社会培训机构 提供的付费培训	非常有用	4	10	2.480
	有用	3	30	
	一般	2	21	
	完全没用	1	14	

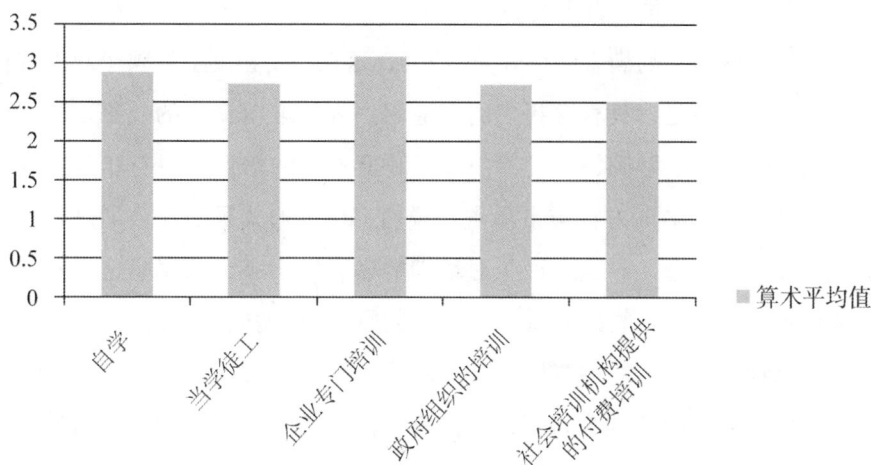

图3-5　农民工职业教育培训组织形式的满意度

从表3-6可以看到，企业专门组织的培训满意度最高，为3.061。这充分表明企业作为培训的直接投入者和受益者，其对培训的重视程度是毋庸置疑的，其培训的效果也最为有效。企业对农民工需要提供的培训内容、培训形式、培训周期等都了如指掌，对培训的监控也最为有力。但企业人员流动性较大的现实，也决定了企业教育培训行为的短期性，决定了企业急功近利的培训模式。

自学的满意度得分为2.85，仅次于企业提供的培训。自学作为一种有效的学习方式得到了有力验证，但随着工作技术含量的提高，该得分将会呈现下降趋势，但是限于本研究的周期过短，无法统计各个时期的连续变量，没能得到有力的量化指标作支撑。但是从企业专业化培训和自学两者的满意度较高的情况可以看出，农民工职业教育培训应该坚持以市场为导向和以人为本的双驱动方式，也只有如此，才能在较短的时间内取得培训的明显效果。

当学徒工的培训方式的满意度得分为2.715。对于农民工所从事的基础劳动而言，这种方式仍然是比较有效的，但是缺乏系统性和理论性，仅对于短暂的职业生涯而言较为有效，而对于长期的职业生涯而言，不利于农民工系统全面地掌握劳动技能，并取得晋升和发展的机会。

政府组织的培训的满意度得分为2.705，这在一定程度上反映了政府现行的培训仍然存在不足，其直接提供的职业培训未能取得良好的效果。根据对受访者的深度访谈了解到，劳动部门或者政府资助的培训项目有相当部分质量参差不齐，出现培训内容与市场需求脱轨、培训形式呆板、培训过程未能得到有效监督等问题，导致农民工对培训的满意度不高，也表明这类培训对于收入的提升、职业技能的提高、职业的发展等方面的效果不明显。

社会培训机构提供的付费培训得分最低，仅为2.48。这表明社会培训机构的培训以追求短期盈利为目标，不注重农民工培训的质量，导致出现农民工对社会职业培训机构的信任危机。在调研中，研究者对受访的农民工进行深度了解后，农民工普遍表现出对收费培训机构的不信任态度，这与参训农民工的培训预期与培训效果存在的落差有较大关系。

综观一些发达国家，发展系统化的职业教育已经成为国家战略，社会各界通过各种方式方法，全方位地提高产业工人的劳动技能。而在我国由于历史和现实的原因，农民工职业教育培训的形式仍然较为落后。但近年来出现的一种现象是值得注意的，即中等职业教育、高等职业教育就业率连年跑赢本科，这是社会对职业教育认可的一个重要表现，也是职业教育培训组织形式兴起的一个至关重要的方式。

3.3.4 农民工职业教育培训周期

农民工职业教育培训周期是指农民工接受常规性劳动技能及相关培训的时间周期。其中，"经常接受培训"是指每年都接受常规性的培训，一般不少于两次；"偶尔培训一下"是指年均少于一次培训，且呈现非常规性。

根据表3-7的调查统计可知，农民工中经常接受常规性培训的人不到三分之一，而从来没有接受过培训的人高达20.71%，这明显与我们制造业强国的地位和日益发展的产业需求存在严重的不匹配。如果这种现象持续下去，将来国家的产业竞争力可能受到愈加严重的威胁。

表3-7　农民工职业教育培训周期

项目	样本数	百分比
经常接受培训	105	31.07
偶尔培训一下	163	48.22
从来没有	70	20.71

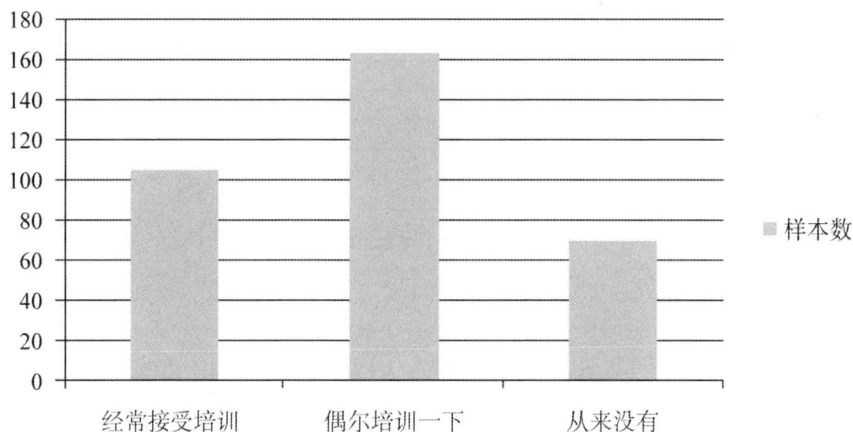

图3-6　农民工职业教育培训周期

3.3.5 农民工职业教育培训时间

根据职业教育培训的特征，本研究把培训分为正规培训与非正规培训。正规职业培训是指系统的理论讲授与实际技能操作相结合的培训；非正规职业培训是指在实际工作中，通过个人自学来掌握工作所需技能。

根据调查可知，正规职业培训所占的比例为51.18%，而其中一个月以上的职业培训仅占22.48%；非正规职业培训的比例占48.82%。由此可见，广州地区农民工的正规职业培训由于各种原因的消极影响，比例仍然不高，且以短期培训为主；广州地区农民工通过自学的方式掌握工作技能的比例较高，但是自学的方式在系统性、正规性和完整性方面都存在诸多不足。

表3-8 农民工职业教育培训时间

项目	时间	样本数	百分比	
正规职业培训	2个月以上	33	9.76	51.18
	1~2个月	43	12.72	
	15天	53	15.68	
	7天以下	44	13.02	
非正规职业培训	边干边学	165	48.82	48.82

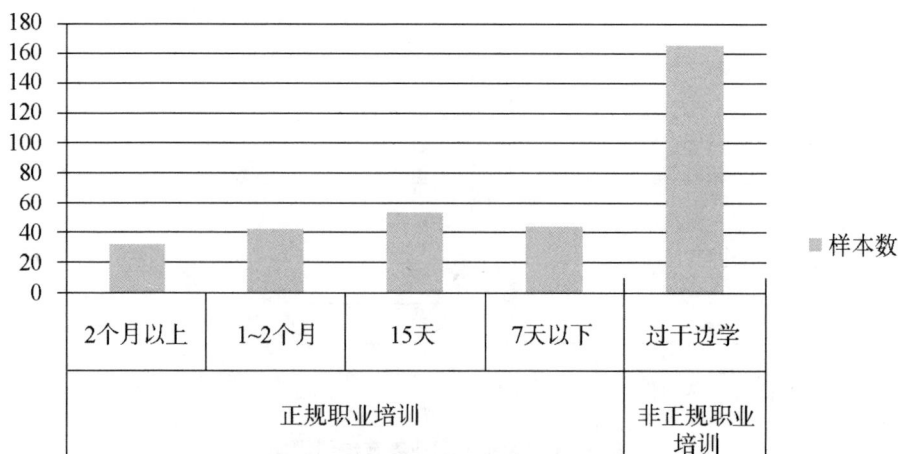

图3-7 农民工职业教育培训时间

3.3.6 农民工职业教育培训意愿

农民工作为职业劳动者，对提高劳动技能的需求具有普遍性。广州地区的农民工对技能的培训表示"需要"和"非常需要"的占到 73.38%，但是明确表示"没有必要"培训的也占 20.12%，平均意愿仅为 2.713。表明农民工对于职业技能培训的重要性已经有了较为一致的认识；但仍然有相当一部分农民工的观念没有转变过来，对于劳动人口巨大的中国农民工群体而言，这是一个不可忽视的问题。

表 3－9　农民工职业教育培训意愿

项目	赋值	样本数	百分比	算术平均值
非常需要	4	61	18.05	
需要	3	187	55.33	2.713
一般	2	22	6.50	
没有必要	1	68	20.12	

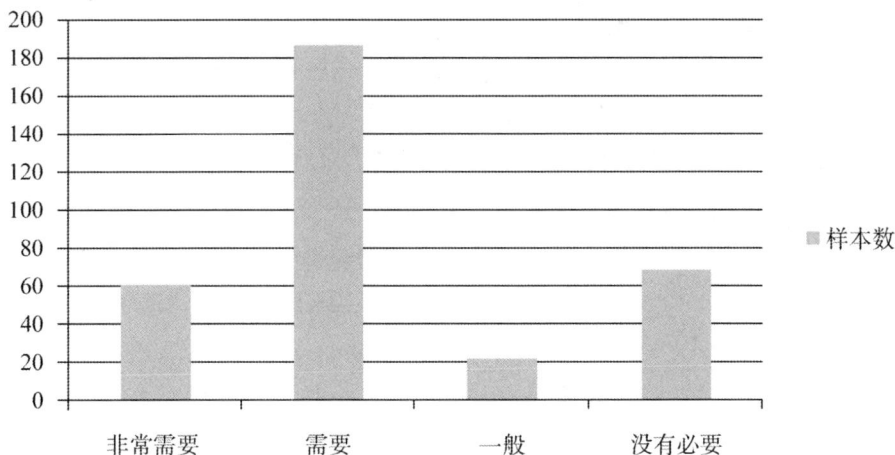

图 3－8　农民工职业教育培训意愿

对影响农民工职业教育培训意愿的消极因素的调查发现（见表 3 - 10），"没有时间"、"工种不需要"和"没钱"的频率分别为 27.22%、23.67% 和 21.30%，占据前三位，这与农民工工作收入低、劳动强度高和技术含量低成正相关关系。农民工由于收入低下，无法承担昂贵的培训费用，而其高强度的工作也进一步抑制他们培训的意愿，重复性、体力型的低技术含量工作也使得相当一部分农民工的培训意愿被压制，这都使得他们对职业培训的需求无法转变为有效需求，所以在休息时更多的是上网、睡觉和看电视，以缓解工作压力。

在深度访谈的过程中，我们发现农民工的培训意愿除了与收入和工作时间具有直接相关性外，与农民工年龄和工种也有着密切的联系，我们将在下一章作进一步分析。

表 3 - 10 影响农民工职业教育培训的消极因素

项目	样本数	频率
没钱	72	21.30
工种不需要	80	23.67
城里人的玩意儿	5	1.48
没有作用	24	7.10
没有时间	92	27.22
不能提高收入	25	7.40
地点太远不方便	31	9.17
不知道	17	5.03

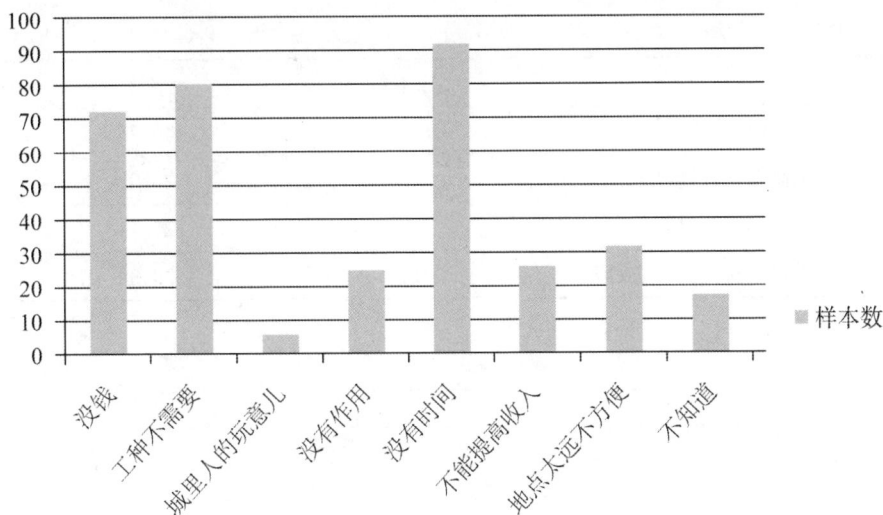

图 3 - 9　影响农民工职业教育培训的消极因素

3.3.7 农民工职业教育培训的预期收益

在政策法规还没有对各项技术工作制定准入制度的前提下，农民工对于培训的预期收益是驱动农民工自主参加培训的主要内动力。分析当前农民工培训的收益驱动因素，有利于政府和用人单位制定相应的政策，更好地引导农民工参加各种职业培训，提高劳动技能。

从调查的结果可以看到（见表 3 - 11），农民工参与职业培训最为集中的预期是"提高收入"，其次是"改善工作环境"，最低的是"改变工种"。这种预期的出现与农民工收入较低、工作环境较为恶劣是对应的。

表 3 - 11　农民工职业教育培训的预期收益

项目	样本数	频率
提高收入	249	73.67
改变工种	64	18.93

（续上表）

项目	样本数	频率
改善工作环境	158	46.75
提高劳动技能和效率	91	26.92
升职发展	87	25.74
融入城市，得到社会尊重	101	29.88

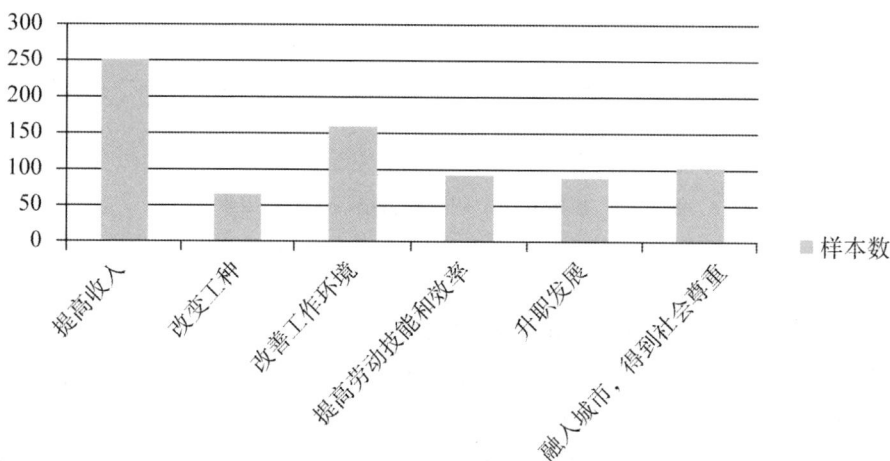

图3-10 农民工职业教育培训的预期收益

针对以上农民工职业教育培训的预期，我国现行的培训制度必须坚持"长期受益"与"短期收益"相结合的培训路线，让农民工清楚地看到教育培训对其收入的提高、工作环境的改善所起到的明确作用，从而激发农民工主动参与培训的热情。

与此同时，随着全国范围内的人口城镇化推进步伐的加快，各项体制政策的放开，农村土地流转和宅基地确权的物权化，农民工"带资进城"、"带财产进城"的现象会越来越普遍，有了维持生计的基本生活保障，其"融入城市"、"职业发展"等预期将会越来越强烈，这将是农民工职业教育培训的下一步重点，也是符合本研究所提出的农民工职业教育培训需求理论模型的。

3.4 农民工职业教育培训存在的问题

根据以上分析，我们不难看出，我国农民工职业教育培训还存在诸多问题，导致农民工文化素质和职业教育水平较低，这些问题可以归结到政府方面、用人单位方面、培训机构方面和农民工自身等方面。

3.4.1 政策引导不到位

1. 政府职能不清

各级政府在农民工职业教育培训中既是政策的制定者，又是政策的执行者；既是资源的拥有者，又是资源的分配者。正是由于政府所承担的责任不清晰，难以主导、规范、监督农民工职业教育培训体系中其他主体的活动，最终导致政府的无所作为或者乱作为现象频出。这从以上调研的数据可以得到充分的印证。

2. 政府主导作用不强

这主要表现在政府对农民工职业教育培训重视程度不足，一方面，仅靠单一的财政支出是完全不能满足市场需求的；另一方面，社会其他主体参与的积极性不能被很好地调动。由于历史背景制约、农村家庭观念、现实经济条件等原因，对于高考无望的农民工子弟一般不愿再进入职业学校继续学习，而是一步就踏入了进城务工的劳动队伍中。对于初次进城的农民工而言，尽快就业变得异常现实和紧迫。各种培训费、生活费、考证费等需要时间和资金，往往使他们对培训望而却步。全国各地的农业县、贫困县等行政机关仅靠上级拨付补助的资金进行培训，导致出现职业教育培训时间短、培训质量差、与培训市场需求脱节等现象。

3.4.2 企业重视程度不足

对于用人单位而言，农民工的流动性使得企业缺乏对农民工人力资本长期投资的概念，企业只是把农民工当作"临时工"来看待。虽然国家规定了职工培训费用的提取标准，但大多数企业特别是效益差的企业并未真正落实，甚至有的企业即使剩余大量教育经费也不愿投资培训，或者培训经费只用于企业高层领导的教育培训，而企业的基层培训则相对淡化。

3.4.3 职业教育培训机构无力

由于社会上重视学历教育而轻视技能培训的观念仍然很严重，各省、市、县、乡培训机构对于传统的义务教育和高等教育而言，仍然属于教育培训的次生品。这就使得职业教育培训机构甚至包括中高等职业院校都面临设施设备简陋、师资力量配备不到位、职业教育体系内容落后等困境，这也同时导致了生源紧缺的双向矛盾。虽然我国实施了农民工技能培训的"阳光工程"，但相关部门不愿承担责任，经常出现所谓的名为职业教育实为学历教育的"联合办学"、"应付办班"现象，缺乏不断改善农民工职业教育培训质量和效果的动力。

3.4.4 农民工自身观念问题

由于长期的二元社会体制的制约，农民工自认为处在城市社会生活的最底层，没有意识到社会产业发展的趋势，特别是高端制造业和服务业人才的巨大需求将来是一个重要的发展趋势。也正是由于农民工中很少有人能够接受中高级专业技能培训，导致人才的供求关系更加紧张失衡，这也是个别高薪企业"用工荒"的原因之一。

综上所述，农民工的文化水平和职业教育培训的程度令人担忧，这已经严重地影响到农民工收入的有效提高、企业生产效率的提高、产业的转型升级、国家的和谐稳定。对于社会各界而言，要全面提高农民工的文化素质和技能水平仍然面临诸多挑战，加强对农民工的职业教育是一项繁杂而艰巨的人力资源系统工程，这也说明农民工职业教育培训必须要在政府主导下，构建立体型、网络化的职业教育体系，使得农民工在这个体系中完成从农民工到普通工人、到技术工人、再到有学历的高级技术工人的社会转变。只有通过全方位的职业技能教育培训，强调学习的实践性，全方位地开发农民工的体能、技能和智能资源，才能提高农民工的经济生产能力和社会适应能力，适应个人、社会和国家发展的要求。

4 农民工职业教育培训需求的影响因素分析

根据对被访者的深度访谈，结合问卷调查结果，本研究就年龄、文化程度、收入水平、职业发展预期、留城倾向、职位等因素对农民工职业教育培训需求的影响作了深入的研究分析。

4.1 农民工年龄与职业教育培训需求的相关性

农民工年龄对农民工职业教育培训的影响决定了政府针对不同年龄阶段的人群应该制定不同的政策。根据表 4 – 1 和图 4 – 1 的统计可知，农民工职业教育培训需求与本研究提出的农民工职业教育培训需求层次理论是相吻合的，其整个职业教育培训需求可分为三个阶段：

1. 第一阶段：35 岁以前

在 35 岁以前，农民工职业教育培训的需求意愿呈逐步降低的趋势。这是由于年轻的农民工刚进入城市时，一方面，他们需要尽快掌握一门或者若干门劳动技能以求尽快获得就业机会，进而获得劳动收入；另一方面，他们表现出较为强烈的职业学习需求，希望能够迅速掌握在城市生存的职业技能和本领，这也就是本研究提出的农民工职业教育培训需求理论的第一阶段——农民工生存技能需求阶段。其后，一方面，由于工龄的增长和工作实践的逐步丰富，另一方面，由于农民工对未来的发展存在较大的不确定性，包括留城的可能性、职业发展的不确定性、家庭的不稳定性等，使得他们在职业领域的再培训和学习教育的愿望开始逐步下降。

2. 第二阶段：36~40岁

在36~40岁之间出现培训需求的重要拐点，达到约3.178的阶段性峰值。通过深入的调查研究发现，这一现象的出现是由于农民工长期在城市生活，与城市居民接触的机会不断增多，开始产生融入社会和企业，赢得社会各界尊重的需求，并希望通过自己的努力获得相应的工作职位和社会地位。因此，本研究基于此发现，进一步加深了社会对广义农民工职业教育培训的了解，即农民工职业教育培训的内容应该包括劳动保障权益知识、法律知识、对城市文化的认同等。这也就是农民工职业教育培训需求理论的第二阶段和第三阶段——融入技能需求阶段和发展技能需求阶段。

3. 第三阶段：41岁以后

41岁以后，农民工职业教育培训需求迅速降低。根据与众多农民工调查样本的深度访谈了解到，农民工在上一阶段出现了较大的阶层分化，这主要是指农民工分别通过返乡做农民、转入城市成为居民和仍然停留在农民工身份三个不同的方向，转变为相应的群体。结合农民工的内涵和定义可知，前两个群体已经不是本研究的对象了，而第三个群体由于自身年龄因素和价值观念的制约，已经安于现状，缺乏进一步学习和改变生活状态的动力和能力。

表4-1 农民工年龄与职业教育培训需求的相关性

变量名称		职业教育培训需求				
		非常需要=4	需要=3	一般=2	没有必要=1	算术平均值
年龄	20岁以下	15	26	5	4	3.040
	21~25岁	18	43	8	15	2.762
	26~30岁	9	40	5	14	2.647
	31~35岁	8	23	0	12	2.628

（续上表）

变量名称		职业教育培训需求				
		非常需要 = 4	需要 = 3	一般 = 2	没有必要 = 1	算术平均值
年龄	36 ~ 40 岁	10	34	0	1	3. 178
	41 ~ 45 岁	1	15	2	13	2. 129
	46 岁以上	0	6	2	9	1. 824

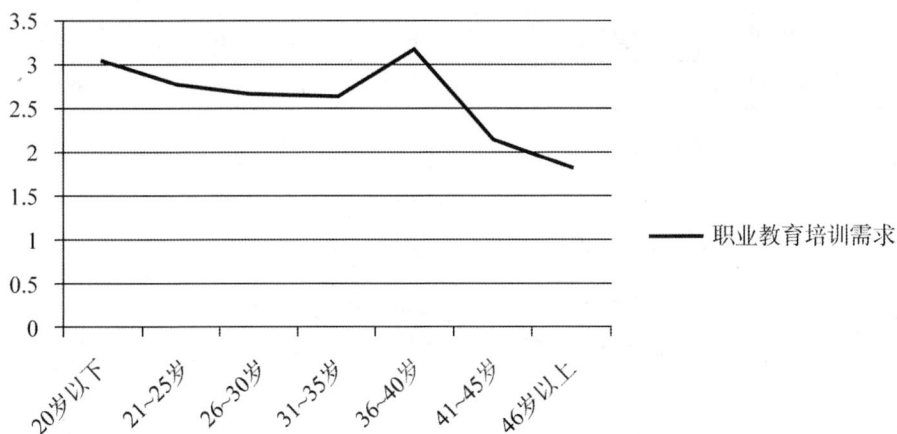

图 4 - 1　农民工年龄与职业教育培训需求的关系

4.2 农民工学历与职业教育培训需求的相关性

职业教育培训是以劳动者自身一定的普通教育和文化水平为基础的，农民工职业教育培训同样要以普通教育为基础。受教育的程度极大地影响了农民工的人生观、世界观、价值观，同样也决定了其职业观。因此，农民工职业教育培训的需求自然不能摆脱基础教育的束缚。

根据表 4 - 2、图 4 - 2 可知，农民工受教育的程度与职业教育培训需求成线性相关，即随着受教育程度的提高，其对自身的认识、对教育的认可都更加科学与全面，对于职业教育培训的需求也更强烈。

表4-2　农民工学历与职业教育培训需求的相关性

变量名称		职业教育培训需求				
		非常需要=4	需要=3	一般=2	没有必要=1	算术平均值
文化程度	文盲	1	4	1	3	2.333
	小学	3	29	2	14	2.438
	初中	20	78	16	33	2.578
	高中/中专	29	66	3	18	2.914
	大专以上	8	10	0	0	3.444

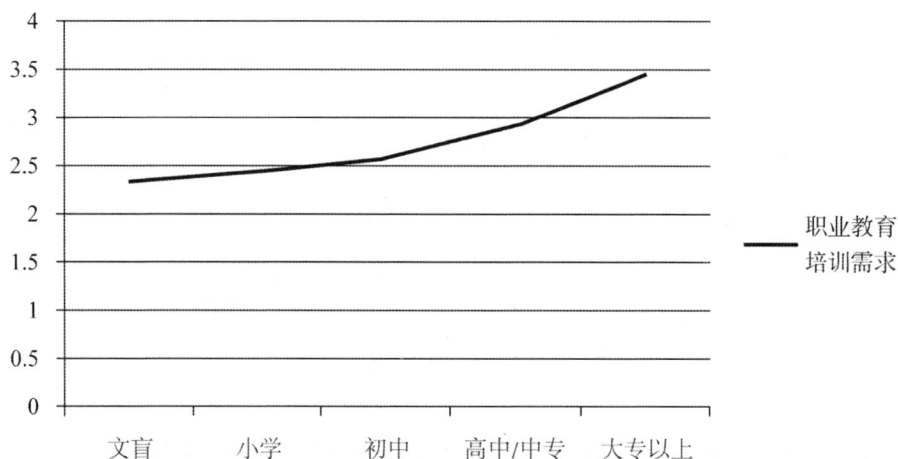

图4-2　农民工学历与职业教育培训需求的关系

4.3　农民工收入与职业教育培训需求的相关性

提高收入水平是农民工外出务工的根本动因，也是制约农民工生存和发展的重要因素。表4-3的调查数据表明，农民工收入与职业教育培训需求存在明显的相关性和互动性。

（1）在收入水平明显偏低的情况下，农民工在各个收入阶段总体的培训需求是不高的。但并不表明收入越低就越不需要培训，相反，农民工职业教育培训有效需求低的原因是农民工收入不高，导致农民工不可能从微薄的收入当中抽取一部分甚至是大部分参加职业培训，也没有足够的时间和精力参加职业教育培训。

（2）随着农民工劳动收入的不断提高，农民工的培训需求也在不断提高。一方面，随着国家城镇化的发展，农民工"带资进城"、"带财产进城"，使农民工由"无产"变为"有产"，农民工自身的收入水平在不断提高；另一方面，随着农民工收入的持续提高，农民工可以拿出部分收入进行专业化的职业技能教育培训，以提升自身的职业水平和技能，从而向中高级技能产业工人过渡。

由此可见，收入水平对于职业教育培训而言，是一个双向驱动的重要因素，国家、企业和农民工自身都需要千方百计地提高农民工的收入水平，只有如此才能实现多赢、共赢。

表4-3　农民工收入与职业教育培训需求的相关性

变量名称		职业教育培训需求				
		非常需要=4	需要=3	一般=2	没有必要=1	算术平均值
收入水平	1 000~1 500元	0	6	1	3	2.300
	1 500~2 000元	17	67	6	24	2.675
	2 000~2 500元	16	66	7	22	2.685
	2 500~3 000元	8	29	5	7	2.776
	3 000元以上	20	19	3	12	2.870

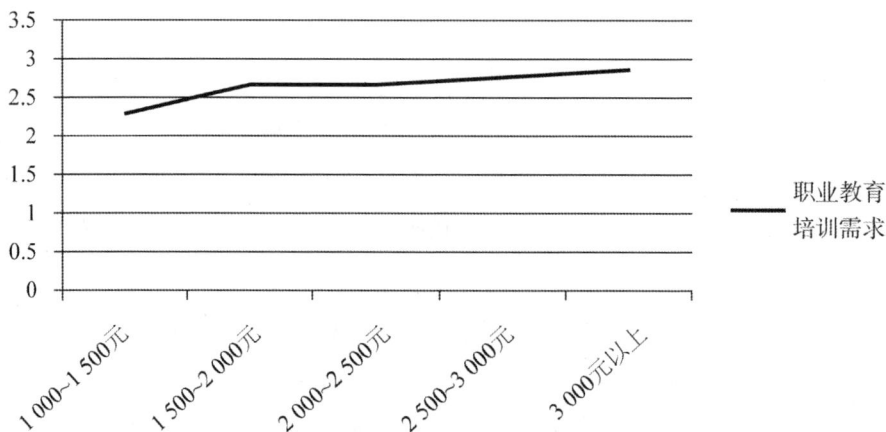

图4-3 农民工收入与职业教育培训需求的关系

4.4 农民工职位与职业教育培训需求的相关性

毫无疑问，农民工职业技能的高低直接影响着他们职位的高低。调查结果表明，农民工的职位分布与职业教育培训有着密切的关系。

（1）无论是从事基层工作还是从事管理工作的农民工都没有清楚地认识到职业教育培训的重要性。从统计数据可以看出，各职位的农民工的整体培训需求都处于较低水平。从事基层工作的农民工在一线操作过程中，没有清晰地认识到自身技能的欠缺；而管理层的农民工也没有全面地认识到职业教育培训对于管理技能提高的重要性。

（2）职位的高低与农民工职业教育培训需求成正比。随着职位升迁和工作中责任的增加，从基层工人、一般工头到管理人员，农民工的培训需求在不断地提高。其中，农民工从基层工人向一般工头发展时，其培训需求增长较为缓慢，这主要是由于农民工长期从事劳动技能要求较低的重复性、体力型的工作，需要的只是良好的职业态度和劳动经验，所以其职业教育培训需求没有迅速地提高；当农民工从一般工头向管理人员发展时，由于自身存在教育背景的缺失，使得其晋升到一个需要较高文化素质和综合技能的职位后，他们对职业教育培训的需求出现了迅速的上升。

表4-4 农民工职位与职业教育培训需求的相关性

变量名称		职业教育培训需求				
		非常需要=4	需要=3	一般=2	没有必要=1	算术平均值
职位	基层工人或服务人员	39	131	12	56	2.643
	一般工头或班组长	8	25	6	9	2.667
	管理人员	14	31	4	3	3.077

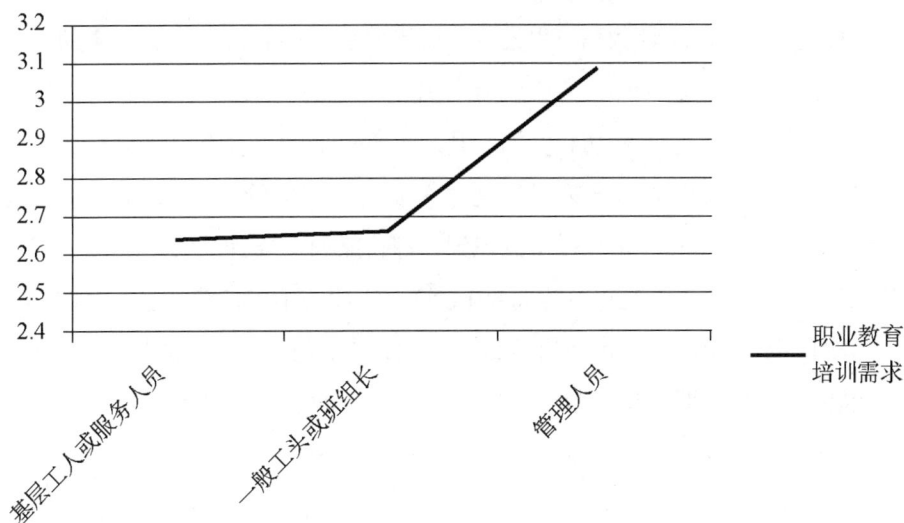

图4-4 农民工职位与职业教育培训需求的关系

4.5 农民工职业发展预期与职业教育培训需求的相关性

职业发展是指劳动者个体逐步实现其职业生涯目标，并不断制定和实施新的目标的过程。职业发展的形式往往呈现多样性的特征，但主要可分为职务变动发展和非职务变动发展两种基本类型①。

农民工的职业发展预期是农民工对将来自身职业发展的一种愿景，而由于其特殊的身份和职业背景，农民工职业发展预期既包含了职务和非职务的变动及行业的转移，也包含了自身在空间方面的选择，即留在城市发展和返乡当农民的选择。因此，农民工职业发展预期不仅制约着自身职业的发展和产业的发展，而且和整个城市劳动力转移密切相关。

调研的结果显示，农民工职业发展预期与职业教育培训需求有较强的相关性，其中农民工的职业发展类型主要可以分为三大类，具体如下：

1. 城市发展型

根据表4-5的统计数据可以发现，城市发展型的农民工具有较高的培训需求。其中，排在第一位的是"成为一名受尊敬的技术人员"，平均分数为3.132，这明显是与职业密切相关的，其理由不言而喻，没有过硬的技术不可能成为一名高级技术人员。第二位是"企业或工厂的管理者"，平均得分为3.069，表明农民工在一定程度上意识到管理技能的重要性。第三位是"回老家城市"的农民工，平均得分为2.891，这一方面与中国传统的乡土习惯是密不可分的，因此要求广州市政府应该加强农民工的乡土人文建设；另一方面也和农民工荣归故里的观念紧密相连，每位返乡的农民工都希望自己能够带着技术或者财富返乡，以显示自己的个人成就，满足被尊重的需要。第四位是"自己当老板"，平均得分为2.709，这不仅为农民工就业提供了新的思路——创业，也对广州市政府提出了更高的要求，即为农民工提供更多的创业培训，创造更为良好的创业硬环境和软环境。

2. 不确定型

该类农民工由于对未来的发展仍然没有清晰的认识或者还处于摇摆不定的状态，使得他们对培训的需求比较低，对培训的投入意愿也不高。根据对受访者的深度访谈可知，大部分农民工认为现在从事的工作和掌握的技能在

---

① 马力. 职业发展研究——构筑个人和组织双赢模式. 厦门大学博士学位论文, 2004.

农村是没有用的，如果返乡当农民，对培训的投入将成为沉没成本；而对于希望进一步留城发展的农民工而言，又没有明确的目标和发展方向。以上这些职业心态抑制了该类农民工进行职业培训的积极性，其培训需求明显低于城市发展型农民工。

3. 返乡型

返乡的农民工所占的总数不多，只占到 3.55%，其培训需求也非常低，只有 2.083。这种现象的出现与农民工在城市所掌握的职业生产技能与农业生产不相关是密切联系的。所以，这类农民工的职业技能需求很低，职业发展也极为有限。

总而言之，第一，前两种职业发展类型的农民工对于农民工职业教育培训都有不同程度的需求，且需求类型和内容也存在较大的差异。作为政府和企业，需要有针对性地制定不同类型、内容和性质的培训，才能满足其需求。第二，只有不断提高农民工职业教育培训水平，增强其职业技能和留城倾向，才能有效提高农民工职业教育培训需求。第三，以上三种农民工职业发展类型中，随着城乡二元体制的改变和农民工进城市民化步伐的加快，城市发展型的农民工比例会迅速达到巅峰值。

表 4-5　农民工职业发展预期与职业教育培训需求的相关性

变量名称			职业教育培训需求			
			非常需要=4	需要=3	一般=2	没有必要=1	算术平均值
职业发展预期	城市发展型	回老家城市	15	19	4	8	2.891
		成为一名受尊敬的技术人员	5	33	0	0	3.132
		企业或工厂的管理者	4	23	2	0	3.069
		自己当老板	35	71	11	34	2.709

（续上表）

变量名称			职业教育培训需求				
			非常需要=4	需要=3	一般=2	没有必要=1	算术平均值
职业发展预期	不确定型	无所谓	2	35	4	21	2.290
	返乡型	回农村当农民	0	6	1	5	2.083

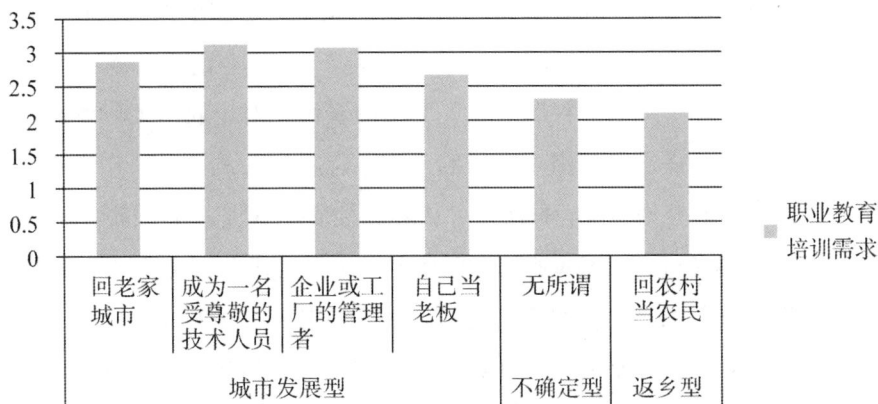

图 4-5　农民工职业发展预期与职业教育培训需求的关系

4.6　农民工留城倾向与职业教育培训需求的相关性

　　农民工留城倾向性的高低，影响了其对未来城市市民身份和工作性质的倾向性选择，乃至决定性的选择。从调查数据可以看出，希望长期留在广州发展的农民工职业教育培训需求的意愿明显比返乡型和不确定型更强，达到3.101。

　　对于农民工而言，如果他们的留城倾向低，那意味着他们不会在职业教育培训方面过多地投入，甚至根本不投入（包括资金、时间、精力等方面的投入），因为掌握的这些技术只对现在的城市工作有用，而对于未来的农村生活作用不大；相反，如果农民工留城倾向性高，那么他们将会在自我发展方面进行自觉的投入，以使自己适应社会发展的需要。

对于政府和用人单位而言，如果农民工留城倾向低，那意味着政府和企业对农民工职业教育培训的投入极有可能成为沉没成本，造成社会资源的浪费，这种状况使得地方政府和企业都进入两难的境地，即投入与不投入都存在资源的浪费；相反，当农民工留城倾向较高时，政府、企业及社会才会因为其在教育培训领域的投入而获益。

表4-6　农民工留城倾向与职业教育培训需求的相关性

变量名称		职业教育培训需求				
		非常需要=4	需要=3	一般=2	没有必要=1	算术平均值
留城倾向	长期留在城市	26	32	3	8	3.101
	过几年回家	19	51	4	30	2.567
	暂时没打算	16	104	15	30	2.642

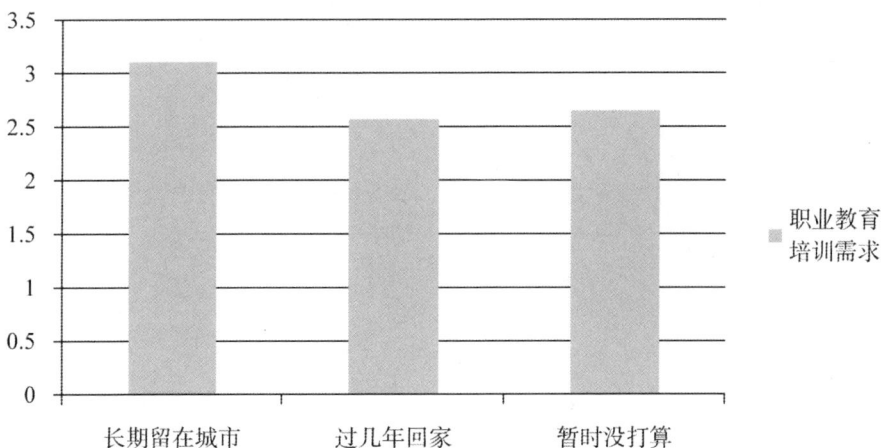

图4-6　农民工留城倾向与职业教育培训需求的关系

5 农民工职业教育培训的效应分析

著名经济学家加里·S. 贝克尔的《人力资本》被西方学术界认为是经济思想中人力资本投资革命研究的起点，贝克尔在这部著作里明确指出了职业培训对人类的重要作用[1]。

农民工职业教育培训作为人力资本投资的一个重要方面，其作用也是本研究的重点。因此，本研究结合实证调研，对农民工职业教育培训对收入的提高、技能的熟练程度、职业发展和留城稳定性的效应作进一步的分析。

5.1 农民工职业教育培训对收入的效应分析

中国三十多年的高速经济增长规律和国内外的经验表明，教育已经成为经济增长的重要影响因素。教育的发展对于经济增长和国民收入的提高发挥着极其重要的作用，而且在知识经济的年代，这种作用仍在不断加强。现有的研究表明，在收入条件分布较高的分位点上，所对应的教育收益率相对较低；而在收入水平较低的情况下，教育培训的扩张将在更大程度上有助于低收入群体的收入倍增[2]。

农民工作为我国的低收入群体之一，职业教育培训对其收入的改善将具有明显的作用。因此，如何优化职业教育培训自身，具有重要的意义。

---

① ［美］加里·S. 贝克尔. 人力资本. 梁小民译. 北京：北京大学出版社，1987. 7～33.
② 罗楚亮. 城镇居民教育收益率及其分布特征. 经济研究，2007（6）：119～130.

5.1.1 农民工职业教育培训周期对收入的效应

根据实际调查得到的统计数据分析，如表5－1所示，可得出两个重要的结论：

（1）培训周期的长短与收入水平呈现正相关。其中，"经常培训"的农民工的平均收入比"偶尔培训"和"从来没有"的分别高26.76%和40.30%。这表明培训对于农民工收入的提高具有重要的作用。

（2）"偶尔培训"的农民工的平均收入比"从来没有"的只高出10.68%。这表明培训必须具有持续性和较强的周期性，才能起到提高农民工收入的作用。

表5－1　农民工职业教育培训周期对收入的效应分析

变量名称		收入					
		1 000～1 500 元	1 500～2 000 元	2 000～2 500 元	2 500～3 000 元	3 000 元以上	平均收入（元）
培训周期	经常培训	0	17	26	19	43	2 771
	偶尔培训	1	67	59	28	8	2 186
	从来没有	9	30	26	2	3	1 975

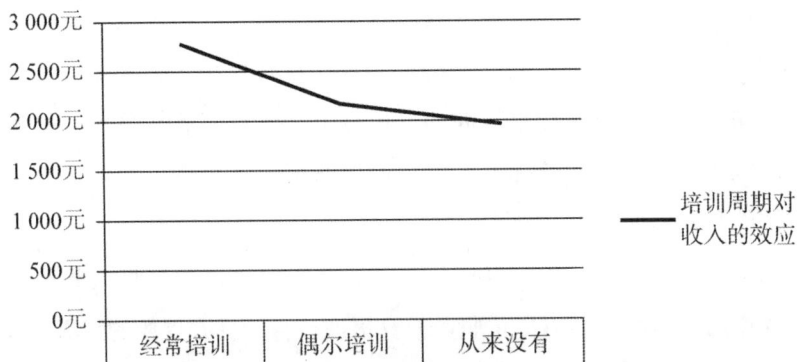

图5－1　农民工职业教育培训周期对收入的效应分析

5.1.2 农民工职业教育培训时间对收入的效应

农民工职业教育培训时间的长短对收入的效应是本研究的重点之一。根据统计得到的数据，得出了三个结论：

（1）培训时间的长短与收入水平呈现一定的正相关，即培训时间越长收入越高，但是程度不高。

（2）在一定范围内，培训时间长短对收入的提高并没有明显的作用。这一方面可能与收集的样本不足有关系；另一方面也表明，在较短的周期内，作为一种单纯的技术培训，其长短可能并不具有决定性的影响，这也为我们坚持短周期培训奠定了坚实的实证基础。

（3）专门的职业教育培训对于农民工收入的提高仍然是具有较大作用的。统计结果表明，"边干边学"的平均收入为 2 268 元，整体明显低于其他接受过一定周期的专门化培训的农民工。

表 5 - 2　农民工职业教育培训时间长短对收入的效应分析

变量名称		收入					
		1 000 ~ 1 500 元	1 500 ~ 2 000 元	2 000 ~ 2 500 元	2 500 ~ 3 000 元	3 000 元 以上	平均收入 （元）
培训时间长短	2 个月以上	0	8	10	12	3	2 424
	1 ~ 2 个月	0	11	17	7	8	2 436
	15 天	0	20	15	10	8	2 344
	7 天以下	1	18	9	9	7	2 324
	边干边学	9	57	60	11	28	2 268

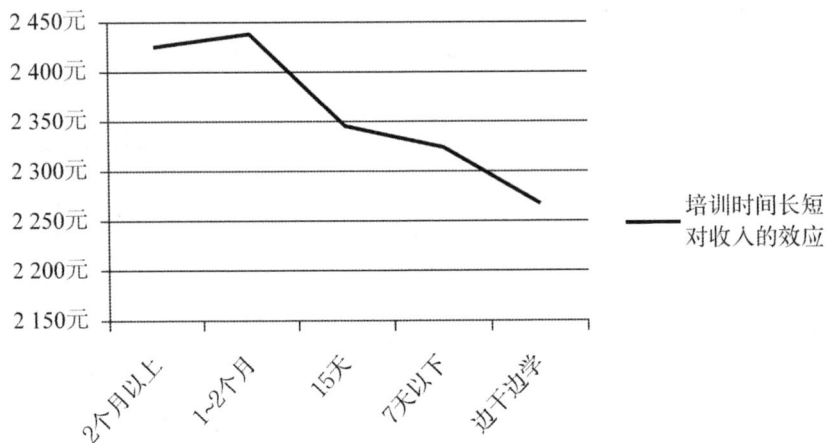

图5-2 农民工职业教育培训时间长短对收入的效应分析

5.1.3 农民工职业教育培训内容对收入的效应

本部分将培训内容分为职业技能、权益保障和综合素质培训，从而能够更深入地研究分析农民工职业教育培训内容对收入的效应影响。

1. 职业技能

接受职业道德、规章制度和职业技术培训的农民工的收入水平分别排第一、二、三名。根据对相关人员的深度访谈了解到，一方面，由于农民工所从事的劳动技术含量较低，其掌握技术的门槛也较低，因此人与人之间的差别并不大；另一方面，用人单位已经逐渐意识到职业道德包括职业态度、责任意识、价值观念等软性职业技能开始发挥日益重要的作用，因此加强了这类职业培训，而这类农民工也越来越受到企业的重用，收入自然越来越高。这也解释了接受职业道德培训较多的农民工收入较高的原因。

2. 权益保障

接受过法律常识培训的农民工的收入最高，达到2 576元，这表明农民工的法律文化水平与收入存在着较大的关系，也从侧面表明了农民工的权益保护可能还处于较为脆弱的阶段，权益得到保护与否将在很大程度上影响着农民工的收入，包括拖欠农民工工资问题的解决与否，这都与农民工自身的法律知识有很大的关系。

3. 综合素质

综合素质培训包括管理技能、科学文化知识和软文化三大类。其中，接受管理技能培训的农民工收入明显高于其他两类，这与接受管理技能培训较多的农民工一般为管理人员，工资收入水平较高直接相关。接受软文化培训（企业文化的熏陶、市民意识的灌输）的农民工的收入也较高，在一定程度上表明农民工开始注重软文化的培训，尤其是对于"90后"农民工而言，对城市生活的向往已经是不可逆转的了。

表5-3 农民工职业教育培训内容对收入的效应分析

变量名称			收入					
			1 000 ~ 1 500 元	1 500 ~ 2 000 元	2 000 ~ 2 500 元	2 500 ~ 3 000 元	3 000 元以上	平均收入（元）
培训内容	职业技能	职业技术	0	72	66	41	22	2 310
		职业道德	0	38	19	20	25	2 648
		规章制度	3	31	37	26	22	2 435
	权益保障	劳动权益保障	5	44	50	31	11	2 266
		安全保障知识	4	51	73	30	28	2 360
		法律常识	1	19	28	23	24	2 576
	综合素质	管理技能	0	9	19	12	21	2 705
		科学文化知识	0	21	9	6	2	2 118
		软文化	0	1	9	8	1	2 500

5.2 农民工职业教育培训对技能的效应分析

职业教育培训最为直接的效应是对原有的劳动技能进行提高和掌握新的劳动技术，这也是职业教育培训最为基础的作用。同样，农民工进行职业教育培训的初衷，无论是对于企业还是农民工自身而言，都是为了提高其劳动技能，从而分别提高劳动效率和劳动收入，实现双赢多赢。

5.2.1 农民工职业教育培训周期对技能的效应

实证调研的统计结果（见表5-4）表明，"经常培训"、"偶尔培训"与"从来没有"接受过正规培训的农民工在技能掌握水平方面存在一定的相关性，没有明显的差异性，这与研究者调查前的预想相差甚远。不过，后来研究者与受访农民工围绕相关问题进行了深度访谈，得出以下结论：

（1）总体来说，无论是经常接受培训还是未曾接受过培训的人群，其劳动技能熟练程度都不高。但是农民工自身并未认识到这个问题，不少人都认为自身已经熟练掌握了劳动技能。

（2）目前农民工的职业培训内容实用性不高。经常接受培训的农民工明确表示，无论是企业还是政府组织的培训，其培训内容对于自身的技能提高都没有太明显的作用。表现如下：

①企业的培训以规章制度为主。部分农民工在劳动密集型的企业工作，经常接受的培训主要是各种安全保障、规章制度，这是企业基于自身的安全和管理的便利而提供的培训，其出发点不是为了提高劳动者的技能。而农民工对于这种较为枯燥的培训，兴趣明显不高，而且这类培训对于不同的企业又存在一定的差异性，使得其对于提高农民工职业劳动技能而言没有明显的作用。

②政府组织的培训内容过于陈旧，培训形式僵化，培训教材落后。参加过政府组织的培训的农民工表示，这类培训形式沉闷，毫无新意，技术含量低，主要集中在厨师、美容、家政等低端行业，不能适应农民工职业发展的真正需要。

③部分市场化的培训机构急功近利，缺乏品牌意识，培训效果不明显。部分收费的培训机构只注重眼前的利益，在培训方面组织的师资力量参差不齐。

（3）农民工技能改善和掌握新技术的途径仍然以"边干边学"的方式为主。目前从事个体劳动的农民工对于技能的改善和新技术的掌握仍然以"边干边学"的方式为主，包括在工作中以老带新、亲戚之间的帮带和自学成才等方式。这种方式适用于技术水平较低的培训，但是缺乏系统性。

根据以上分析可以看出，要进一步提高农民工职业劳动技能，需政府、用人单位、职业培训机构和农民工多方参与才能实现。

表5-4　农民工职业教育培训周期对技能的效应分析

变量名称		技能熟练程度				
		非常熟练=4	熟练=3	一般=2	生疏=1	算术平均值
培训周期	经常培训	11	76	18	0	2.933
	偶尔培训	19	103	41	0	2.865
	从来没有	15	29	26	0	2.843

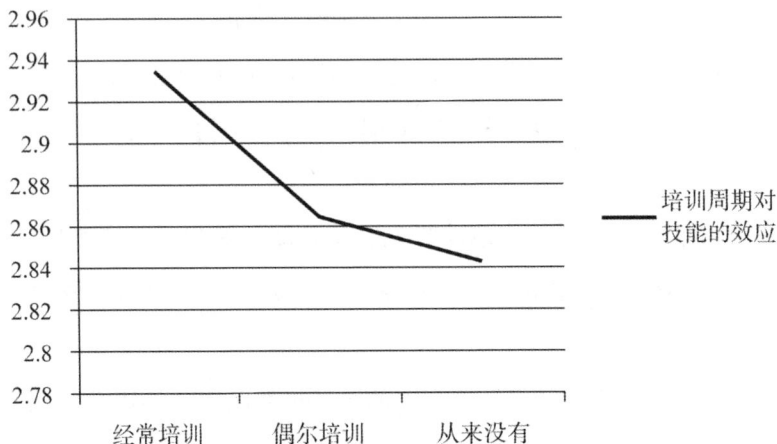

图 5-3　农民工职业教育培训周期对技能的效应分析

5.2.2 农民工职业教育培训时间对技能的效应

根据调查得到的统计结果（见表 5-5）可知，农民工职业教育培训以"边干边学"的方式进行效果最好，熟练程度平均达到 2.921。根据研究者的深度访谈分析，其原因主要为：农民工的工作劳动复杂程度低。农民工现在从事的工作的技术难度比较低，掌握其工作比较简单，学习的时间并不需要太长，而且在日后的工作中也可以不断地练习，从而达到较为熟练的程度。因此，通过"干中学"的方式一方面能够缩短学习的时间，另一方面也能够有效地参加劳动提高收入。另外，农民工的工作时间长、劳动收入低，导致他们愿意花费在培训方面的时间也不多。

培训时间在 15 天和 7 天以下的农民工的平均熟练程度分别排在第二和第三位，这表明农民工的职业培训仍然是以"短平快"的方式实现劳动技能的提升。

表 5 - 5 农民工职业教育培训时间长短对技能的效应分析

变量名称		技能熟练程度				
		非常熟练 = 4	熟练 = 3	一般 = 2	生疏 = 1	算术平均值
培训时间长短	2 个月以上	2	22	9	0	2.788
	1 ~ 2 个月	3	30	10	0	2.837
	15 天	9	29	15	0	2.887
	7 天以下	7	23	14	0	2.841
	边干边学	24	104	37	0	2.921

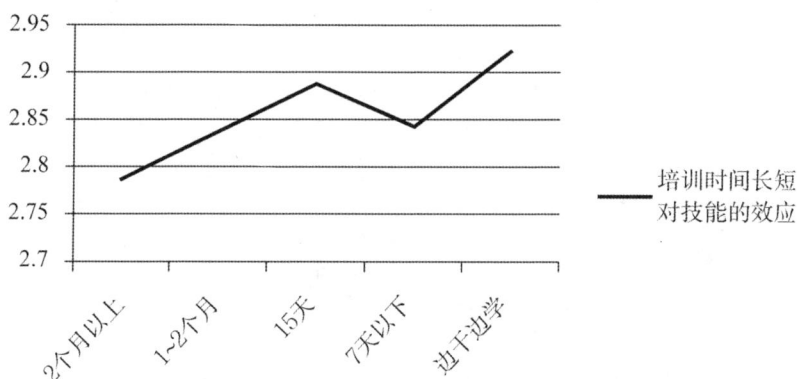

图 5 - 4 农民工职业教育培训时间长短对技能的效应分析

5.2.3 农民工职业教育培训内容对技能的效应

如表 5 - 6 的统计所示，农民工职业教育培训的具体内容与农民工技能的改善和新技术的掌握存在以下相关性：

（1）从直观数据方面可以看到，农民工进行的各项培训项目对于农民工技能的改善都具有较为明显的作用，平均技能熟练程度达到 2.8 以上。由于农民工从事的工作技术难度偏低，因此在这种技术层面上的劳动技能熟练程度仍然是不高的，农民工培训并不能起到改善技术能力和使农民工掌握新技术的作用，无法完全适应广州产业升级换代的要求。

（2）综合文化培训对于农民工技能的提高作用比劳动技能和权益保障的作用大。这主要是由于进行综合文化培训的大都是从事管理工作的农民工，其劳动技能和接受水平都比一般农民工好。

表 5 - 6　农民工职业教育培训内容对技能的效应分析

变量名称		技能熟练程度				
		非常熟练 = 4	熟练 = 3	一般 = 2	生疏 = 1	算术平均值
培训内容	职业技能	职业技术 22	145	34	0	2.940 / 2.917
		职业道德 6	70	26	0	2.804
		规章制度 9	98	12	0	2.975
	权益保障	劳动权益保障 5	100	36	0	2.780 / 2.872
		安全保障知识 19	125	42	0	2.876
		法律常识 20	55	20	0	3.000
	综合素质	管理技能 7	45	9	0	2.967 / 2.932
		科学文化知识 2	25	11	0	2.763
		软文化 5	12	2	0	3.158

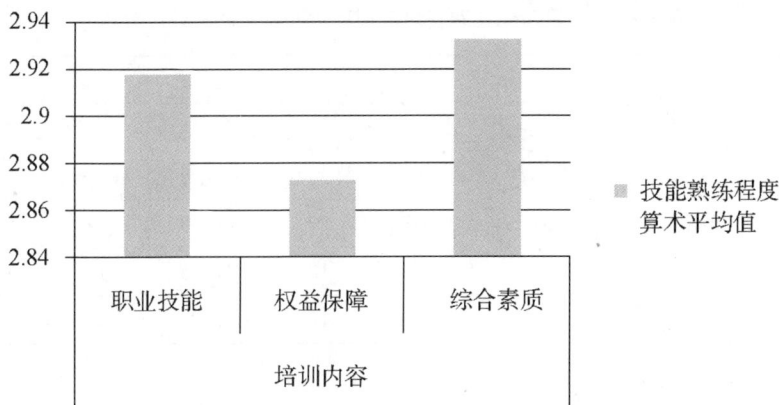

图 5-5　农民工职业教育培训内容对技能的效应分析

5.3 农民工职业教育培训对职业发展的效应分析

　　培养和发展员工的能力是职业培训最直接的功能①。随着员工能力的提高，其职业能力也将适应更高层次的工作，从而获得更高层次的职位，职业培训对于职业发展呈现正效应。农民工作为从基层干起的阶层，职业教育培训的作用更为突出和必要。

5.3.1 农民工职业教育培训周期对职业发展的效应

　　根据调查得到的统计数据（见表 5-7），我们可以得到如下结论：职业发展的高低与培训周期呈现正相关，其中基层工人、一般工头和管理人员接受经常培训的比重呈现不断提高的趋势，其分别是 21.43%、41.67%、65.38%。这表明农民工职业发展越好，越经常接受良好的职业教育培训，当然职务越高所拥有的培训发展机会也越多，这是一个相辅相成的过程。

———————

① 刘卫国. 国有企业职工培训的作用与策略分析. 中国成人教育，2000（9）：58～59.

表5-7 农民工职业教育培训周期对职业发展的效应分析

变量名称		职业发展					
		基层工人		一般工头		管理人员	
		样品数	百分比	样品数	百分比	样品数	百分比
培训周期	经常培训	51	21.43	20	41.67	34	65.38
	偶尔培训	136	57.14	15	31.25	12	23.08
	从来没有	51	21.43	13	27.08	6	11.54

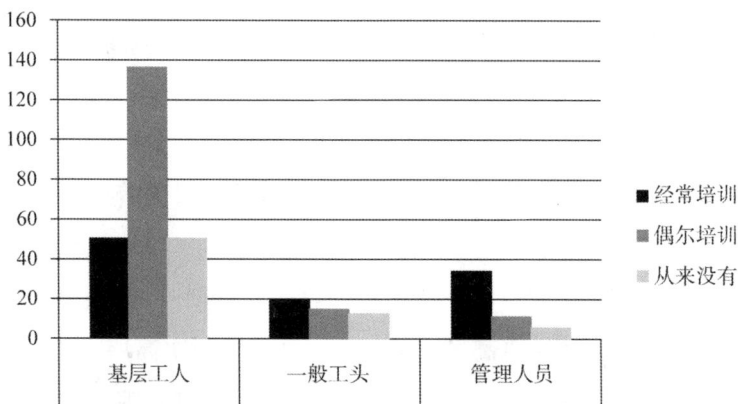

图5-6 农民工职业教育培训周期对职业发展的效应

5.3.2 农民工职业教育培训时间对职业发展的效应

（1）对于基层工人和一般工头而言，"边干边学"对于职业晋升有重要的作用。从表5-8可以看到，基层工人和一般工头的比例分别为60.08%和27.08%。这与农民工职业性质有较大的相关性。

（2）跻身管理层的农民工主要以固定时间的职业培训为主，其参加两个月以上的培训效果最为明显。

表 5 - 8　农民工职业教育培训时间对职业发展的效应分析

变量名称		职业发展					
		基层工人		一般工头		管理人员	
		样品数	百分比	样品数	百分比	样品数	百分比
培训时间长短	2 个月以上	10	4.20	8	16.67	15	28.85
	1～2 个月	22	9.24	11	22.92	10	19.23
	15 天	40	16.81	7	14.58	6	11.54
	7 天以下	23	9.66	9	18.75	12	23.08
	边干边学	143	60.08	13	27.08	9	17.31

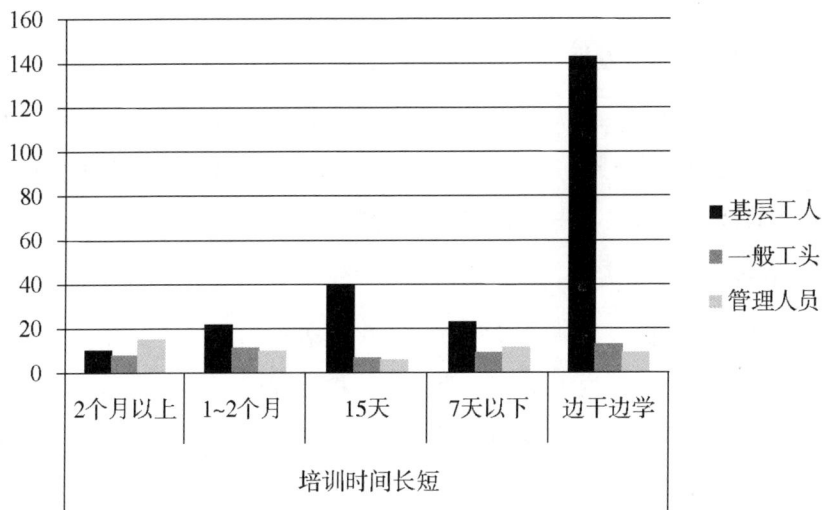

图 5 - 7　农民工职业教育培训时间对职业发展的效应

5.3.3 农民工职业教育培训内容对职业发展的效应

农民工职业教育培训的各项内容对于农民工职业的发展具有不同作用。

1. 基层工人职业发展

基层工人在职业技能方面，接受的培训以职业技术为主，这与农民工从事的基层工作是密切相关的；在权益保障方面，农民工接受安全保障的培训较多，这与农民工从事的工作环境危险性较高有关，而随着政府的管理日益严格，企业对于农民工人身安全的重视程度也日益提高；在综合素质方面，农民工接受科学文化知识的培训较多，但总体比例仍然偏低，这与农民工的文化程度是不相适应的。

2. 一般工头职业发展

一般工头表现出来的状况与基层工人较为相似，这与农民工工作的相似性存在一定的相关性。即一般工头仍然处于社会的底层，从事的工作虽然存在一定的管理性质，但这并未改变其身份和工作的性质。

3. 管理人员职业发展

从事管理的农民工与前两种职位的农民工表现出了较大的差异。具体表现如下：第一，总体来说无论是职业技能、权益保障还是综合素质，他们都能接受到较多的职业培训，这也是他们跻身管理层的一个重要原因。第二，处于该职位的农民工无论是对职业技术的需求，还是管理技能对他们职业发展的作用都非常明显。第三，规章制度和职业技术的掌握奠定了他们在基层工作中的权威，也有利于他们开展工作，这也是企业管理者所希望的。通过访谈发现，该类农民工由于在法律和安全保障方面具有较为全面的知识，使得他们在农民工群体中掌握了更多的话语权，他们也因此更容易受到企业高层的赏识，从而担任管理工作。第四，虽然这一群体的农民工已经跻身管理层，但是其对综合素质的培训，尤其在科学文化知识和软文化方面，需求仍然较低，这表明他们仍然没有充分地融入城市生活和企业生活。

表5－9　农民工职业教育培训内容对职业发展的效应分析

变量名称			职业发展					
			基层工人		一般工头		管理人员	
			样品数	百分比	样品数	百分比	样品数	百分比
培训内容	职业技能	职业技术	114	47.90	39	81.25	48	92.31
		职业道德	29	12.18	45	93.75	28	53.85
		规章制度	53	22.27	19	39.58	47	90.38
	权益保障	劳动权益保障	54	22.69	45	93.75	42	80.77
		安全保障知识	105	44.12	42	87.50	39	75.00
		法律常识	24	10.08	31	64.58	40	76.92
	综合素质	管理技能	12	5.04	7	14.58	42	80.77
		科学文化知识	20	8.40	8	16.67	10	19.23
		软文化	4	1.68	5	10.42	10	19.23

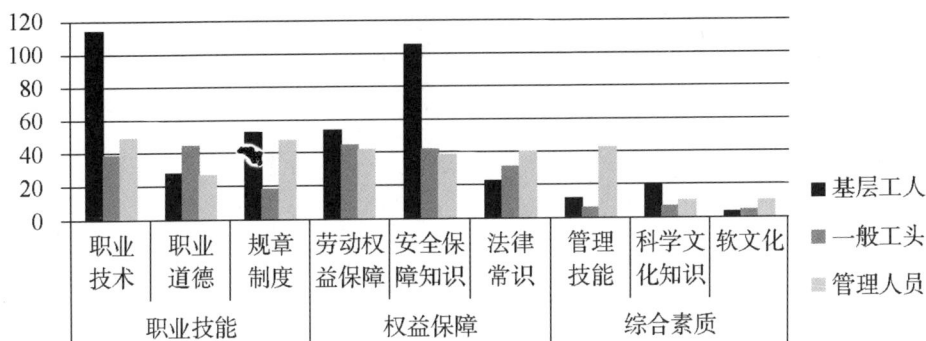

图5－8　农民工职业教育培训内容对职业发展的效应分析

⑥ 农民工职业教育培训的对策建议

"民工潮"和"民工荒"是中国现代社会发展历程中的重大事件。它们的产生，伴随着工业化和城市化的发展，对整个社会结构都产生了革命性的影响。因此，农民工问题一直都是学术界研究的焦点问题。但研究内容多涉及农民工生活、工作条件差，工伤事故多，工资长期偏低且拖欠等较为普遍的现象，而有关农民工职业技能培训的研究项目还颇为少见。针对农民工职业技能培训的问题，党和政府从 2006 年起出台了一系列政策措施，其中 2006 年国务院印发的《关于解决农民工问题的若干意见》要求加强农民工职业技能培训，提高其职业能力和就业质量；2010 年 10 月，国务院印发《关于加强职业培训促进就业的意见》，要求各省市做好面向城镇全体劳动者的职业培训工作，明确了对城乡劳动者职业培训和职业技能鉴定的各项补贴政策。但由于当前经济发展形势风云变幻，产业结构和就业结构不断调整，劳动力市场对新生代农民工的职业技能水平提出了更为严苛的要求。在这种情况下，农民工群体在城市的生活和工作都面临更大的压力。

近年来，国家对农民工职业技能培训越来越重视，相继出台了一系列扶持政策，不断健全培训制度，因而对农民工职业技能培训的研究课题也不断增多。从 2003 年 9 月开始，农业部开始联手其他相关部门，陆续制定了《2003—2010 年全国农民工培训规划》、农村劳动力转移培训的"阳光工程"等政策。而在中央政府财政政策的指导和推动之下，全国不同省市各级财政部门通过资金整合及专项安排等措施辅助"阳光工程"的配套服务，其中包括广东省在 2005 年实施的"广东省百万农村青年技能培训工程"等，截至 2010 年，广东省转移农村劳动力总计 480 万人，培训农村劳动力人数接近 270

万人。可以看出，全国各级政府针对农民工职业教育培训都作了一系列的探索实践。但是尽管如此，在一些地方的实际操作中，政策还是走了样，产生了落空现象。其中涉及政府主导作用不明显、投入资金不足，企业政策实施力度不到位以及市场环境不理想等问题。

对于社会发展中农民工困境的产生，最为重要的是农民工文化程度普遍不高和城乡二元制这两个问题。第一个问题指农民工普遍文化程度较低，他们在进入城市之后忙于生计，很少有机会和时间参与花费较高的专业职业技能培训课程，因此他们无法参与知识密集型产业的工作，只能从事一些耗费体力而非脑力的劳动密集型产业中的工作，因而他们始终无法提升自身求职地位以及收入水平。第二个问题城乡二元制即农民工远离户籍所在地，来到异乡参与体力劳动，他们本身无法加入城市户籍，同时也并不属于自古以来参与农耕劳作的农民行列，这种城乡二元制使得很多进城打工的农民工处于较为混乱的状态。而为了解决上述两个关键性问题，国家和政府采取了一些相关措施予以解决，但由于问题产生已久而解决方案不够彻底，很多问题只是得到了浅层解决，并未触及根源，难以系统地解决。

就农民工问题一直难以得到彻底解决这一现状，学者进行了深度剖析。在分析近几年来农民工问题产生原因的基础上，学者得出结论——问题的关键就在于对农业大国中国来说，关于农民、农业、农村的问题是根本性问题，要想改变当前发展现状，必须采取大刀阔斧的改革，否则症结永远无法得到根治。十八届三中全会提出通过工业促进农业发展，缩小城乡发展差距。会议同时还指出城乡二元结构是制约城乡发展一体化的主要障碍，必须健全体制机制，形成以工促农、以城带乡、工农互惠、城乡一体的新型工农城乡关系，让广大农民平等地参与现代化进程、共同分享现代化成果。要加快构建新型农业经营体系，赋予农民更多财产权利，推进城乡要素平等交换和公共资源均衡配置，完善城镇化健康发展体制机制。会议还指出要解决好农民工问题，必须稳定有序地推进农民工市民化。所以我们既要立足当前，着力解决农民工的就业、工资、社保、居住、子女上学等现实问题，为其在城市稳定就业居住奠定基础；又要着眼长远，推进城乡联动改革，逐步取消户籍制度所赋予的城乡居民身份差别，打通农民工成长、上升通道，让具备条件的农民工在就业地逐步安家落户，使他们的工作融入企业、子女融入学校、家庭融入社区、心理融入社会。

因此，应该针对农民工的情况建立一整套完善的政策，包括奠定国家层面的农民工知识资本的职业教育培训的战略地位，改革二元化的社会体制结构，完善职业教育法制结构，构建农民工职业教育体系等，只有如此才能立足于人自身，奠定国家长远的发展基础。

6.1 确立农民工职业教育培训的国家战略地位

知识资本理论是一种新兴的经济理论。该理论认为，知识资本是以高科技为主要特征，以无限知识为基础的，是能够给企业带来利润的无形资产。农民工在中国是一个数量庞大的群体，尽管数量占据优势，但中国农民工的职业教育水平还处在非常低的程度。和世界发达国家相比，我们的农民工还不能被称作产业工人，他们无法适应当前市场经济下的经济转型和产业升级的基本要求。如果中国的农民工能接受到合理适当的职业教育培训，将有一半以上的人有幸成为中高级技能工人，进而推动我国工业化和城镇化的迅速发展。因此，从知识资本化理论的角度出发，提升农民工职业技能培训在当前具有极其重要的意义。

知识的资本化，知识成为资本，是知识在生产中作用日益增强的产物，是知识经济、网络经济时代的特有现象。大量资料表明，"二战"后各国经济增长不是依赖生产要素数量上的扩张，而是依赖生产要素质量的提高以及要素之间的协调和配合。一个国家或地区经济的增长、效益的提高、财富的积累，越来越多地依靠知识和技术的创新。知识创新所产生的生产力的多少，日益成为一个国家、一个企业竞争地位高低和经济实力大小的关键因素。随着知识总量的增加、科学技术的迅速发展，知识在社会经济发展中的作用越来越重要。从宏观上看，企业在进行资产评估时，品牌、商誉等无形资产的价值已经得到法律承认，它与传统资本一起计入企业资本总量之中。知识已经成为一种独立的、重要的资本形式，它与农业社会的土地和劳动力、工业社会的资源和资金一样是现代社会生产中不可缺少的要素，而且是促使经济增长的重要因素。

在知识经济年代，拥有优势资源的企业未必具有绝对的竞争优势，而拥有雄厚知识资本的企业必定在竞争中制胜。劳动力和传统资本都是有限的，都是会消耗的资源。但某种程度上，知识资本是无限的，知识资本的使用不仅不会消耗，而且在使用中还可以在原有基础上创造出新的知识资本。在发达国家，脑力劳动者的数量已经超过了体力劳动者的数量。知识资本化还引发了更多的人力资本投资，劳动者素质进一步得到了提高。由于知识的生产比物质产品的生产更有利可图，国家、政府、企业和个人更愿意进行人力资本投资，增强劳动者的创新能力。但这需要整个社会从思想、制度、政策等方面为知识资本化创造良好的环境。美国的比尔·盖茨、巴菲特，中国的马云，都是成功运用知识资本的佼佼者。他们成功的奥秘就在于拥有雄厚的知识资本和很强的知识资本运作能力。

知识资本理论论证了知识资本是包括政府机构、企业公司等在内的整个社会最有价值的资产，从各个角度都可以证明知识在当前社会发展进程中扮演着重要角色。因而笔者将知识资本理论作为我国农民工职业教育的理论依据。只有坚持知识资本理论，才能保障农民工职业教育处于国家战略地位，进而为指导农民工职业教育培训打下坚实基础。

6.2 改革城乡二元化社会体制

城乡二元结构体制是在城乡分治的行政建制的基础上形成的，包括教育制度、户籍制度、就业制度、劳动制度和保险制度等。这些制度性的城乡差异，使中国城市居民和农村居民二者形成巨大的反差，它是我国经济和社会发展的重大障碍。它主要表现为城乡间存在的户籍壁垒，两种不同的资源配置制度，以及在城乡户籍壁垒基础上出现的其他问题。对于农民工职业技能培训，城乡二元体制也显示出明显的缺陷。首先它直接影响到农民工的收入问题，他们的住房、医药、福利、保险等面临着诸多困难，子女上学也困难重重，产生了众多留守儿童的教育和成长问题，进而影响到整个国家和社会的发展。因此，要想实现农民工职业技能的有效培训，提升农民工的整体素质，就需要从根本上解决城乡二元结构体制这一问题。

要想提高农民工地位，实现农民工身份的转变，使之成为真正的中高级产业工人，关键要实现农民工市民化，这不仅关乎内需，更关系到民生问题。在城市管理体制和政策上，城市居民需要转变观念，以开放和包容的胸襟，把进城农民工当作城市居民的一部分，对农民工要由排斥到接纳，由管制为主转向服务为主，改变农民工边缘化的社会地位，实现城镇化成为我国内在需求的最大潜力。更重要的是，党和政府应深化城乡户籍制度改革，建立统一的城乡居住证制度，改变农业人口和非农人口的差别。同时要保障农民工的住房问题，将农民工纳入城市住房保障计划，切实解决农民工进城务工的住宿问题。针对农民工子女的受教育情况，城市需要在各个区域内建设农民工子弟学校，保障城乡居民子女的受教育权利得到平等实现。

国务院总理李克强指出，我们当前的城镇化走的是新型城镇化道路，是以人为核心的城镇化。中国目前大约有2.6亿农民工，他们中有一大部分人愿意逐步融入城市，但这是一个长期复杂的过程，必须有就业支撑，有服务保障。十八届三中全会审议通过的《中共中央关于全面深化改革若干重大问题的决定》，提出完善城镇化健康发展体制机制，坚持走中国特色新型城镇化道路。该《决定》还指出要推动大中小城市和小城镇协调发展、产业和城镇融合发展，促进城镇化和新农村建设协调推进。具体而言就是要创新人口管理，加快户籍制度改革，全面开放建制镇和小城市落户限制，有序开放中等城市落户限制，合理确定大城市落户条件，严格控制特大城市人口规模。

中国城镇化存在的问题主要是城镇化质量不高、城乡建设用地利用粗放、中小城市与小城镇发展机会不均等、农民工权益保护问题突出等。而造成这些问题的重要原因之一，便是户籍制度改革缓慢。因此，中国未来推进城镇化进程，重点要推进户籍管理制度改革。对于有能力并愿意留在城市务工或经商的农民工，政府需要建立居住证制度，满足其发展意愿。在解决住房问题之后，政府还有义务解决农民工子女受教育、升学等问题。并且政府需要建立覆盖城乡范围的社会保障制度，使农业人口的社会保障福利的转移更为便捷。

在推进城乡一体化方面，广东将加快建立城镇化与新农村建设协同发展的体制机制，编制实施县市全域城乡建设规划，加强村镇规划建设。大力推动垃圾、污水处理和水电路气网等基础设施城乡联网，共建共享。扩大基本公共服务均等化综合改革试点范围，建立健全优质教育、医疗、文化资源城乡共享机制，推进公共就业服务网络向县以下延伸。开展小城市和特色小城镇培育工作，依托小城镇和中心村打造功能完善的农民生活服务圈。在解决农民工市民化进程的同时进一步改善农村生活环境，加快新农村的建设进程。

2010 年 6 月，广东省政府出台了《关于开展农民工积分制入户城镇工作的指导意见》，在全省范围内实行农民工积分制入户城镇政策。据介绍，农民工积分制入户城镇，是指通过科学设置和确定的积分指标体系，对农民工入户城镇的条件进行指标量化，并对每项指标赋予一定分值，当指标累计积分达到规定分值时，农民工即可申请入户城镇。符合积分入户条件的农民工，其配偶和未成年子女也可以随迁。截至 2012 年 7 月底，广东已有 33.8 万名外来务工人员通过积分制入户城镇，这意味着户籍制度坚冰不仅在广东开始融化，而且已经迈出了实质性的改革步伐。

6.3 构建现代职业教育的制度保障

2014 年全国"两会"结束后，国家又迅速完成了现代职业教育的顶层设计。在 2014 年 6 月 23 日召开的全国职业教育会议上，习近平总书记要求各级党委和政府要把加快发展现代职业教育摆在更加突出的位置，更好地支持和帮助职业教育发展，为实现"两个一百年"奋斗目标和中华民族伟大复兴的中国梦提供坚实的人才保障。随着中央一系列措施的落实，农民工正在积极向产业化工人转变，这不仅对国家转方式、调结构、促升级具有十分重要的意义，也将帮助农民家庭创造更大的人才红利。建立现代职业教育体系是一项重大教育改革和制度创新，是对我国职业教育发展思路、功能定位、体系结构、基本制度、保障机制等关键问题所作的全面梳理、全新设计、全盘安排。这项工作的难度很大，必然受到经济社会制度和生产力发展水平的明显制约，现代文化和传统文化的双向影响，教育内部和教育外部的双重作用。它超越了人们通常理解的教育概念和教育范畴，在教育者与受教育者两者关系基础上，还要顾及来自雇主、行业以及国家等方面的复杂要求，建立起多个利益相关方的表达或参与机制。

6.3.1 构建以政府为主导的现代职业教育体系

《国务院关于加快发展现代职业教育的决定》中要求的加快发展现代职业教育，是党中央、国务院提出的重大战略部署，这样能够深入实施创新驱动发展战略，创造更大的人才红利，同时对于加快转方式、调结构、促升级也具有十分重要的现实意义。职业教育政策不仅涉及教育领域政策，还涉及就业政策、人才评价制度、劳动人事制度、社会保障制度、财税制度等。如果相关制度不匹配，职业教育的社会效益就不能有效发挥。正是由于这种复杂性，人们在关于现代职业教育体系的讨论中，常常对同一问题有不同解读，甚至在一些基本概念、基本问题上也难以达成共识，严重阻碍着现代职业教育体系的建设进程。

1. 各级政府分工明确

国务院相关部门要有效运用总体规划、政策引导等手段以及税收金融、财政转移支付等杠杆，加强对职业教育发展的统筹协调和分类指导；地方政府要切实承担主要责任，结合本地实际推进职业教育改革发展，探索解决职业教育发展的难点问题。要加快政府职能转变，减少部门职责交叉和分散，减少对学校教育教学具体事务的干预。政府应将重点放在统一思想认识、增加投入总量、创新投入模式、创新发展理念、加强政府统筹、实施绩效考核、强化监督检查以及完善政策措施等方面。

2. 将职业教育系统和城市现代化建设相结合

推动建立政府、行业、企业、学校、科研机构、社区等全部在内的治理结构，加强党团组织建设，完善企事业单位内董事会、理事会、监事会等组织形式。保障职业院校内部按照有关法律法规，制定符合职业教育特点的学校章程，制定符合市场需求和学校实际办学能力的课程，从实际出发，保障劳动者能够接受符合其需求和能力的教学内容。

3. 实现产学研教的积极融合

政府通过采用各项政策措施激发企业兴办和支持职业教育的内生动力，同时加强与教育系统的密切合作，共同培养出符合市场需求的高技能、高素质劳动者和技术技能人才。

4. 积极创建资金平台支持职业教育

加大对职业教育的资金投入，提高学校教育教学水平，加强职业教育的宣传推广活动，从而提高广大青年对职业教育的兴趣和热情。政府应将重点放在整合中等职业教育资源，促使资源的循环利用上。以农民工职业技能教育为主要目标，辅助对其文化课的进一步培养，努力培养全面发展的全方位人才。同时，不能忽视对农民工的职业道德培训，帮助其树立正确的人生观和世界观，形成良好的人才观，保障人才发展的良好市场环境。

6.3.2 完善以市场为导向的职业教育机制

广东是中国改革开放的前沿阵地，拥有大量农民工。而广州作为广东的省会城市，经济发展迅速，其中服务业和第二产业中的制造业是经济发展的主要动力，农民工在其中扮演了相当重要的角色。广州是我国南方中高等职业教育重镇，长期肩负着为珠江三角洲和全国培养、输送应用型技能人才的重任。因此，广州职业教育更应该走在全国前列，引领全国职业教育市场发展。要通过建立一整套以市场为导向的农民工职业教育培训机制，推进农民工职业教育蓬勃发展。

1. 大力推行和落实《国务院关于加快发展现代职业教育的决定》及《现代职业教育体系建设规划》

近年国家颁布的一系列关于农民工职业教育的相关文件，充分体现了党中央、国务院对职业教育工作的高度重视，为加快发展现代职业教育指明了方向。各级政府和社会力量要把学习贯彻批示和会议精神作为当前重要任务，切实把思想和行动统一到中央部署要求上来，要针对农民工不同阶段的身心特点，在办学理念、课程开发、师资建设、终结评价等方面积极探索，创新实践，努力为促进我国社会持续稳定发展、经济结构转型、增效升级提供智力支持和人才支撑。

2. 构建以市场需求为导向的职业教育培训体系

我国应该进一步加强现代职业教育体系建设，实现各层次各类型职业教育模式落实到多样化人才培养的教育教学、课程教材创新、实习实训、职业精神培养、职业技能学习等不同阶段的创新工作上，保障每位农民工拥有同样的学习机会。

3. 促进职业教育多元化发展

在创新处理党政机关与企业、市场和整个社会的关系的同时，适时采用改革或革新的方式，多元化地促进职业教育发展。在符合国家相关法律的前提下，充分发挥市场机制作用，引导支持不同的社会力量参与职业教育，兴办职业教育，形成多元化的职业教育发展格局。

4. 加强国际合作

在政策推广的过程中，政府需要及时总结培训工作的各类经验教训，在总结问题和成果的基础上，还需注意学习借鉴国外农村劳动力转移就业培训和移民培训的有益经验，开展农民工职业技能培训工作领域的国际交流与合作。

6.4 建立农民工职业教育培训的法制保障体系

确保农民工职业教育培训的有效实现很大程度上需要依靠法律的力量。当前，各级政府应该在农民工职业教育培训上通过立法的方式，将不同的支持项目列入政府工作计划之内，并加大资金投入，采用不同等级、不同管理方式的原则，整合各级各类培训资源，大力开展农民工职业教育培训的工作。为了保证这一系列政策的有效实施，政府还要对农民工职业教育培训进行严格的管理和监督，保障农民工职业教育培训的有效落实。

6.4.1 广州市成人职业教育法规章程的完善

要适应新形势下经济体制方面的改革，农民工职业教育培训还有很多路要走，建议地市级政府要抓住机遇，抓紧构建成人职业教育地方性法规，将农民工职业教育纳入"成人教育法规"体系内，明确部门之间与各区市之间的职责，并逐步建立广州市的终身教育体系，以求从法律层面为农民工职业教育培训提供有效的保障。

1. 农民工职业教育培训的财政支持政策

法规章程应该明确根据农民工接受的教育程度分别给予他们不同等级的财政补贴，这样才能保障农民工在市民化之前有财力参与政府主导的职业教育培训。

2. 规范农民工职业教育培训市场监管制度

将目前以企业面向社会招工、自主培训为主的较为混乱的模式，逐步转变为企业与学校相结合、以职业教育院校为主体的培训体系，提高培训质量。

3. 构建职业培训资格制度

对参加职业教育培训的农民工颁发专业技能证书，以此作为他们参与不同领域工作的有效凭证。随着知识经济的不断发展，不断丰富农民工职业教育培训的方式方法。

6.4.2 加快推行就业准入制度

在全国范围内大力开展农民工职业教育培训的同时，需要进一步加大职业资格认证工作的力度，扩大参加认证的人群范围和职业种类范围，以便具备不同人力资本的农民工向市场释放求职信号。根据调查已知，农民工就业上岗并不需要相应的技能证书用以证明其技能的熟练程度，使得他们缺乏参与职业培训的外在压力。因此，应该尽快建立并推行农民工就业准入制度。

1. 农民工职业资格转化路线

在就业准入制度的构建中，应该立足终身教育的理念，构建立体型、网络化的职业教育体系，使得农民工在这个体系中，逐步完成"农民工—普通工人—技术工人—有学历的专业化技术工人"的转变路线。第一步，普通上岗证书的职业培训是农民工职业教育培训的起点，通过短期的职业培训，经过相关的考核，实现从农民工向普通工人的转化。第二步，国家职业资格证书的培训是农民工职业教育培训的重点，部分农民工通过较长时间的专业化培训，经过相关的考核，能够拿到相应的某一职业的5级或4级国家职业资格证书，顺利实现从普通工人向技术工人的转化。第三步，国家学历证书的教育是农民工职业教育的拐点，农民工群体中的优秀者通过较长时间的学历教育，经过相关的考核，拿到相应的中等职业教育的某一专业毕业证书，实现从一般的技术工人向有学历的专业化技术工人的转化。三者既是相对独立的教育培训模块，又存在着内在的逻辑联系，前者是后者的基础，后者则是前者的发展。

2. 就业准入制度构建

（1）确定权威认证机构。

推行职业认证制度，必须确立权威的第三方认证机构，这是建立就业准入制度的组织保障。与此同时，由于农民工自身经济能力和文化水平的限制，第三方机构应该以市场为主、政府配合的方式成立。这不仅有利于维护认证机构的权威性，也有利于有效降低农民工认证的经济成本。

（2）做好岗位分析。

强化农民工培训的评价机构，是推行就业准入制度的基础，只有对各种职业进行定岗定级分析，才能为职业认证制定判断标准。农民工上岗操作后，应视其技能水平和操作熟练程度，进行严格的考试考核，要注重考核标准的可操作性，及时进行工人技术等级评定，让农民工人尽其力、人尽其才，享受一名技术工人应得的劳动报酬。

（3）建立全国互联互通的网络系统。

在当今移动互联网技术已经基本具备的前提下，对于相关的认证信息，应该建立全国范围内的互联互通的数据系统，以便用人单位随时查阅，也有利于防止地方保护主义，减少劳动力的流动阻力和就业壁垒。

（4）加强对用工单位的监督和检查。

要明确监督者的权力和责任，对违反就业准入制度的用人单位进行严厉的处罚。只有实行就业准入制度，确保职业资格证书的法律效力，才能使农民工有进行职业培训的外部压力，从而提高职业培训的有效性。但建立就业准入制度应防止其成为变相提高农民工进入城市的门槛，同时也应该清除影响农民工就业的制度障碍。

6.4.3 逐步提高最低工资标准

制约农民工参与职业培训的一个重要因素是收入，农民工参与职业培训的意愿与收入呈现明显的正相关。只有有效地提高农民工的收入水平，才能使农民工的培训愿望转化为有效的需求。在农民工收入偏低的情况下，以立法的形式逐步提高最低工资标准，从而促使农民工收入呈现刚性增长。一方面，只有农民工的收入水平提高了，农民工才有负担培训成本的能力；另一方面，随着农民工技能的提高，其收入水平也会逐步提高。由此可见，二者是相互影响、相互促进的关系。

部分已制定最低工资标准的城市，包括广州市，其成功的经验都是可以借鉴的。随着最低工资标准的制定及不断的完善调整，企业用人的标准及产业升级都在快速提高，从而有利于推动企业的效益增长和地区的经济发展。

6.5 优化农民工职业教育培训的财政支出结构

农民工职业教育培训的历史特殊性决定了国家在该领域的责任，其中财政的支出投入是构建整个教育培训体系的关键。在宏观政策层面，全国职业教育工作会议和《国务院关于加快发展现代职业教育的决定》确定了政府加强职业教育的主导作用；在中观财政支出方面，"十二五"规划期间，中央财政每年投入 150 亿，同时地方政府也投入大量财力，实施示范校建设、实训基地建设、中职基础建设，打造具有较高水平的示范学校、重点专业和"双师型"教师队伍，从而为农民工职业教育营造良好的软硬件环境。

根据实证调研可以清楚地看到，农民工职业教育培训需求不旺的重要原因是农民工收入低下，只有有效地降低农民工参加职业培训的成本，才能有效地刺激农民工参与职业培训的热情。而且在市场无利、企业不愿意增加额外成本的情况下，政府只有通过多元渠道、多种方式拓宽培训的资金来源，优化财政支出结构，才能为农民工职业教育培训工程奠定坚实的基础。

6.5.1 拓宽农民工职业教育培训的资金来源

坚持全国人力资本一盘棋的宏观思想，以省级财政统筹协调，劳动输入地和劳动输出地因地制宜作为财政投入的重点，大力调整财政支出的结构，合理分担培训费用，从而为大力推进农民工职业教育培训提供稳定的资金保障。

1. 建立合理的各级财政分担制度

农业部发布的《农村劳动力转移培训财政补助资金管理办法》第三条规定：农村劳动力培训补助资金由地方财政和中央财政共同承担，以地方财政为主。根据全国农村劳动力转移培训阳光工程办公室确定的各省示范性培训任务，平均每期每人按 100 元的标准给予补助，重点用于农村劳动力转出大省、产粮大省、革命老区和贫困地区。

由于劳动力转移去向的不同，各省份的标准具有很大的不一致，收益程度也不一。如广东作为主要的劳动力输入省份，广州作为珠三角的用工重地，大量的廉价劳动力支撑着地方产业的发展；与此同时，如四川、湖南等省区作为劳动力输出省份，劳动力也为当地带回了庞大的消费收入，推动当地的经济发展。因此，根据受益者分担成本的原理，合理分担农民工职业教育培训的资金投入具有明显的合理性和效用。

首先，作为地区一级财政，必须单列农民工职业教育培训财政预算，从而保障转移支付资金和各项补贴经费落实到位。

其次，根据现行的流动人口管理统计数据、企业用工登记、社保缴交情况，合理调配各区市的培训经费。

最后，根据财政资金的款项落实到位情况，加强使用的管理和监督。

2. 以政府为主导，多渠道筹措教育培训资金

首先，在土地出让金净收益中提取一部分用于农民工职业教育培训。土地作为农民的原地，也作为产业发展的基础，其流转本身也为政府带来了巨大的剪刀差。因此，通过政府土地出让金划拨的方式弥补农民工职业教育培训的资金缺口，具有历史的合理性和现实的可行性。根据土地的不同使用情况，确立不同的比例，体现合理分担的原则。例如工厂用地和商业用地的给付比例应该适当提高，而用于建设经济适用房和廉租房等具有公益性的建筑的土地则应该免去出让金。

其次，在社会劳动保障基金的投资收益中划拨一部分用于农民工职业教育培训，其划拨比例和数量应该按照当年投资收益为限。社会劳动保障基金作为

覆盖全社会的保障性基金，按理应将作为社会底层人群的农民工覆盖，并给予大量资金支持。随着劳动效率的提高，农民工缴纳社会保障金的能力也相应提高，政府收取的资金也相应增加，这本身就是一个多赢共赢的良性循环。

最后，大力提倡社会各界捐资助教，广开资金筹措渠道。进一步完善国家层面的捐赠公益性科普事业个人所得税减免政策、企业捐赠减免政策和相关实施办法，简化减免申请手续，广泛吸纳国内外企业、机构和个人的资金，以支持农民工职业教育培训工作。

6.5.2 多元化的补贴方式

1. 培训代金券制度

各地区应该进一步完善农民工培训代金券制度，防堵培训代金券制度存在的漏洞，提高农民工培训的实际成效。

首先，全面推行培训代金券实名制，防止培训代金券的转让使用。建立实名制度，一方面使资金用得其所，另一方面避免资金的浪费，避免出现套取国家资金的情况。

其次，建立培训评价制度。农民工完成培训之后，对培训机构的培训内容、培训服务、就业指导等作出评价，根据评价的等级，财政部门按照培训代金券的面值给予相应的财政补助。评价为"优"，则返还面值的100%；评价为"良"，则返还面值的90%；评价为"中"，则返还面值的80%；评价为"差"，则返还面值的70%。另外，根据优良率，财政部门再对培训部门给予奖励性的财政补贴，以求进一步激励培训部门提高培训的质量和农民工的满意度。这样的制度设计既能保证培训机构在短期内不至于亏本经营，又能激励培训机构不断地改善培训的质量。

最后，逐步建立全国性的培训代金券制度。这样将有利于农民工自由流动，推动经济流、人才流和产业流的良性发展。

2. 培训流程化补贴制度

完善农民工培训流程化补贴制度。所谓培训流程化补贴制度是指根据培训发生的全过程，对其中的各个关键性环节进行财政补贴的制度。农民工职业教育培训的全过程包括：招生推广、职业培训、就业服务和再培训四个关键性环节。

（1）在招生推广阶段，通过建立招生补贴制度，鼓励培训机构不断扩大招生规模，宣传引导农民工进行职业教育培训，树立全社会有关人力资本投资的理念，构建全社会终身学习、终身教育的理念。

（2）在职业培训阶段，通过对培训效果进行全面的评估，给予训后财政性补贴，其制度可参照培训代金券制度，如对培训内容、培训效果、就业情况等进行评估。只有有效的培训产出，才能实现职业教育培训的意义和价值，这一制度的建立将大力促进培训质量的提高。

（3）在就业服务阶段，根据培训后参加就业的人数核定激励性的补贴制度，以发挥培训机构在促进就业过程中的积极性。只有把教育培训和劳动就业捆绑在一起，才能真正实现培训内容的有效性，有力地推动就业的实现。

（4）在再培训阶段，根据农民工回炉再培训人数，进一步提高其劳动水平，提高相应的财政补贴水平。鼓励培训机构加强对农民工的就业追踪服务，及时更新农民工的知识和技能。

3. 多元化租赁参股制度

多元化租赁参股制度是指政府通过直接投资或者贷款贴息等方式建设培训基地，集中购买培训所需的基础设施设备，然后通过租赁或者参股的方式，交由私营机构进行运作管理的制度。这样将大大降低培训机构的运营成本，提高培训基地和设备的利用率。这一制度的建立将能够弥合我们调研中出现的培训机构无利的尴尬局面，从而推动培训机构提供更为全面、有效的培训课程和培训服务。

6.5.3 完善政府支出的方式

根据实证调查已知，广州地区农民工对政府、企业以及付费培训机构提供的培训的满意度都不高，究其原因是多方面、多层次的，我们应该进一步完善政府的支出方式，以提高农民工职业教育培训的效果。结合各方的深度访谈和研究分析，我们建议作出如下政策调整：

1. 农民工职业教育培训市场化

由政府劳动、农业等部门直接提供的农民工职业教育培训，由于培训项目质量参差不齐，培训内容与市场需求脱轨，培训形式呆板，导致农民工对培训的满意度不高，培训的效果不明显，这突显了政府直接提供公共产品的弊端。

因此，我们建议将原来由政府直接提供的农民工职业教育培训进行市场化，交由合适的培训机构去实施。政府通过以上所说的培训代金券、培训流程化补贴、多元化租赁参股等形式对培训机构进行补贴，同时成立相应的督导组全面加强对培训机构的监督，以求实现最优的政策产出和更高的满意度。

2. 大力鼓励企业加强农民工职业教育培训

企业作为农民工职业教育培训的最大受益者，也是农民工职业教育培训最有力的推动者，而且企业具有实施专业技能培训的先天条件。因此，如何进一步激励企业加大农民工职业教育培训的力度和优化农民工职业教育培训的内容，这是政策制定者要深思的，也是用人单位自身需要下苦功夫去研究的。

（1）政府通过税收优惠政策，支持企业加大农民工职业教育培训的力度。对长期注重并坚持实施农民工职业教育培训的企业，通过各种税收优惠政策给予减免税费，鼓励企业的培训投入，这既能保证职业培训的质量，又能使政策得到有效实施；既能有效地提高劳动者的劳动技能，也能有效地维持劳动力的稳定性。世界各国的经验证明，这是一种政府购买公共产品的有效支出方式。

（2）优化企业对农民工职业教育培训的内容。通过深度访谈可知，广州地区农民工职业教育培训仍以职业技能、规章制度、安全保障知识为主要培训内容，对于管理技能、职业道德、劳动权益保障、法律常识、软文化素质等的培训却相对缺乏。这主要是由于后者对于提高劳动效率、增加劳动产出的作用并不明显，但这却是地方政府所不能忽视的，因为这不仅是社会发展所不能逆转的潮流，也是地区竞争产生的必然结果。因此，政府应强制性规定受惠企业增加管理技能等培训内容，以全方位地改善农民工职业素养，满足劳动者素质全面提高、产业优化升级、城市繁荣稳定的时代要求。

（3）加大工会组织对企业培训工作的监督力度。对企业培训的实施力度、效果等方面的监督，不能忽视企业工会的作用。政府必须发挥各级工会在农民工职业教育培训领域的监督作用，切实保护好农民工职业教育培训的权利，确保政府投入的有效性。

3. 构建发展股份制、混合所有制职业教育培训院校

政府应该允许以资本、知识、技术、管理等要素参与办学并享有相应的权利，从而探索公办和社会力量共办的职业院校相互委托管理和购买服务的机制，允许民间资本进入。这些都是引导全社会关心、支持和参与农民工职业教育培训的有力手段，通过体制机制的突破真正营造职业教育发展的新环境。

从根本保障机制上，强调了各级政府加强其财政投入职责。如要求各级政府建立与办学规模和培养要求相适应的财政投入制度；要求地方政府依法制定并落实职业院校生均经费标准或公用经费标准；县级以上人民政府要建立职业教育经费绩效评价制度、审计监督公告制度、预决算公开制度，这都将从根本上扭转一些地方不重视职业教育的局面，从而为建立农民工职业教育培训奠定良好的教育基础。

4. 强化对付费培训机构的监督管理

付费培训机构作为一种提供专业化培训服务的组织，应该具有独特的优势。但根据调查可知，现在大量付费培训机构由于以追求短期盈利为目标，不注重农民工培训的质量，导致农民工对社会职业培训机构出现信任危机。因此，应该通过市场和政府监督的方式，实现该类机构的优胜劣汰。

（1）加强工商行政管理部门的监督作用，对各种欺骗消费者的培训机构进行严厉查处。

（2）发挥消费者协会的监督作用。政府应该设立专项经费，支持消费者协会充分发挥其在消费领域的监督作用。对于培训质量差、服务不周的培训机构进行广泛的曝光，起到市场化淘汰的作用。

（3）建立农民工职业教育培训机构的信息发布平台。对于在农民工职业教育培训领域成绩突出、深受农民工欢迎的培训机构应该大力宣传；对于存在欺诈行为的培训机构进行迅速曝光，使农民工通过"用脚投票"实现培训机构的优胜劣汰。

5. 加强农民工子女的义务教育

农民工受教育的程度与职业培训需求成线性相关，即随着受教育程度的提高，农民工对于职业培训的需求越来越强烈。农民工职业教育培训现状的尴尬局面具有历史的成因，因此对于农民工的子女而言，就需要从社会层面为他们提供保障制度。因此，除了对现有的成年农民工劳动力进行职业教育培训外，各级政府不应该忽视对农民工后代的义务教育，这是防止"第二代农民工"形成的最为有效的方式。

加强对农民工后代义务教育的投入，也可以从侧面提高农民工的留城倾向。根据深度访谈可知，有子女的农民工相当部分的收入都用在子女的教育方面，不能说农民工没有意识到义务教育对子女未来所起到的重要作用。因此，加大对农民工子女的义务教育投入，不仅能防止"第二代农民工"的出现，也能提高农民工的留城倾向，减少政府在职业培训方面的沉没成本，提高农民工和用人单位共同参与职业教育培训的积极性。

6.6 创新农民工职业教育培训模式

6.6.1 坚持"一个中心，两个基本点"的办学理念

农民工职业教育培训具有明显的实践性，市场化程度较高，必须坚持以市场为导向和以人为本的办学理念，具体而言就是坚持"一个中心，两个基本点"。

"一个中心"是指坚持以就业为中心，只有紧紧抓住农民工就业这一中心，农民工职业教育培训才能取得应有的效果。这一点必须在政府、企业、培训机构以及农民工等多个层面取得共识，否则农民工职业教育培训难见成效。只有满足了"就业"这一中心定位，才能真正让农民工自身、用人单位和政府等多方主体受益，才能使农民工职业教育培训获得持续的发展。

"两个基本点"，一是市场上各种用工企业的基本需求，包括国有企事业单位、民营企业、外资企业以及乡镇企业在内；二是农民工适应社会发展的需求。前者指只有职业教育培训是满足用人单位的需求的，农民工职业教育才有意义和价值。后者指农民工适应社会发展的需要是建立在对市民身份认可的基础上的，即通过引导性培训，采用咨询服务，印发资料，利用广播、电视互联网等手段和形式，逐步引导农民工对市民身份的认可。只有紧紧围绕这两个基本点，才能实现人在其位、人尽其才的政策效果。

6.6.2 坚持多元化的办学模式

有效整合各类培训机构和各种社会力量，本着发挥政府的体制优势、企业的组织优势和付费培训机构的师资优势的原则，对现有农民工培训机构进行有效的整合，使政府、企业、付费培训机构更好地发挥各自的优势。比如，

德国的"双元制"职业教育与培训体制①对于发展我国农民工职业教育培训就具有较大的指导意义。

1. 农民工职业教育培训社区化

农民工职业教育培训社区化，就是使社区成为农民工融入城市的助推器。农民工在城市生活与工作，总是要依附于一定的社区或厂区。因此，通过职业教育培训社区化的多种具体形式，推行公民培育和职业技能培训，实现职业教育的大众化、基层化、生活化和日常化，做到教育内容与农民工需求对接，培训师资与农民工层次对接，教育方法与农民工特点对接，通过社区教育增强彼此的凝聚力和整合度。

2. 鼓励多元化招收

鼓励各地改、扩建面向农村招生的职业、技工院校，努力让未升上普通高中、普通高校的农村应届初高中毕业生都能接受职业教育，以防止新的无技能的农民工产生。

3. 深入农村就地教育培训转化

鼓励和推动城镇培训机构深入农村，招收城市和企业所需的劳动群体，并进行职业培训。

6.6.3 坚持"一短、二平、三快、四集"的培训方式

"一短"是指每次培训学习的周期短。

首先，这是由农民工职业教育培训的特征决定的。农民工职业教育培训主要以传授劳动技能为主，理论学习为辅，所以学习时间相对较短。实证调研的农民工职业情况已经充分反映了这一趋势。

其次，由于农业产业结构持续调整，工业企业的结构升级逐步加快，农民工的就业形势已经变得日益严峻，这也决定了农民工职业教育培训的周期必须控制在较短的时间内。

---

① 姜蕙. 当代国际高等职业技术教育概论. 兰州：兰州大学出版社，2002. 180～216.

最后，收入水平也决定了农民工的职业教育培训周期较短。由于农民工的收入较低，而且打工收入是其主要的收入来源，其培训将要付出较大的机会成本，因此，这决定了农民工职业教育培训的周期不可能太长。

"二平"分别是指教授的劳动技能和知识与培训对象的接受能力相平衡，过于高深的理论会使得受教育水平较低的农民工无法理解和接受；教授的劳动技能和知识与社会生产力发展相平衡，这充分体现了学以致用的原则。只有实现这"二平"，才能实现职业培训、农民工和市场三者的有效结合。

"三快"是指职业培训对科学信息、市场变化反应快，农民工所学的技术和知识运用到实践工作中的速度快，以及运用技能所获得的收益快。

"四集"是指农民工的培训必须根据行业的不同进行集中学习；根据所在企业的需要进行集中学习；利用农民工的住所进行集中学习；通过教育资源的有效利用，进行集中培训学习。这需要政府、企业、社区、培训机构相互配合，做到农民工职业教育培训按时、按地、按需进行，充分体现效率、效益和效果三原则。

6.6.4 开展针对性的专业化培训

1. 加强农民工职业技能、权益保障和综合素质的培训

农民工职业技能、权益保障和综合素质是与农民工就业密切相关的三个领域。如针对调研中广州地区农民工的职业培训状况和技能掌握状况，开展有侧重的培训，将能在就业形式相对严峻、资源相对紧缺、时间相对有限的情况下，做出最优的政策选择。

2. 针对农民工较为集中的行业开展职业培训

农民工从事的工种主要分布在生产制造类、商业服务类、交通运输类等行业，从事较为低端的工作。一方面，根据此种行业状况，政府应该集中资源对这些行业的人员进行集中培训，提高其工作效率；另一方面，政府资源应该前瞻性地向未来从业人员较多、技术要求较高的行业进行倾斜，这也是

未来中国产业结构转型升级的客观要求。

3. 针对不同的年龄阶段开展职业培训

结合农民工职业教育培训需求理论模型，针对不同年龄阶段的农民工职业教育培训需求的特点，政府应该开设针对性的培训项目，既能满足其不同的培训需求，也能充分地发挥各个年龄阶段的农民工的劳动力优势。例如，对于刚进入城市的年轻劳动力，其对生存技能的需求表现得尤为强烈，因此，应该开设相应的职业培训项目，满足其生存和就业的需要；对于 36～40 岁的农民工，其职业生涯到了新的关口，应该开设管理技能等较高层次的培训项目，以满足其在城市进一步发展的需求，从而真正做到以人为本。

4. 针对不同职位层级开展职业培训

针对不同职位层次的农民工，政府应该开设相应的课程来满足他们目前的职业需求；与此同时，必须具有发展眼光，为他们开设能够使他们持续发展的培训项目。

6.7 完善农民工职业教育培训内容

6.7.1 农民工职业教育培训内容概述

职业教育培训内容与职业标准是互为一体的。国家职业标准的制定综合了国内各类企事业单位相同的职业特点，兼顾了不同行业间存在的差距，突出了该职业当前的主流技术、技能要求，反映了该职业活动在我国的整体水平。但国家职业标准无法也不可能完全满足不同地域的特色需求、特殊文化需求，也无法满足不同培训个体的个性化要求。农民工职业教育培训也存在同样的问题。

随着科学技术的不断发展和创新，各种新产品、新技术、新设备、新工艺不断涌现。在制定职业技能培训规范的过程中，农民工职业教育培训必须参照国家职业标准的工作内容，并结合企业岗位具体工作内容和流程，确定培训内容。

结合这样的背景，农民工职业教育培训规范的内容应包含以下内容：

（1）培训项目名称。

（2）培训项目定义（描述）。

（3）培训项目等级。

（4）培训岗位需求（针对具体的岗位）。

（5）培训大纲（培训目标、培训对象与条件、主要培训内容）。

（6）培训具体内容与教学建议。

（7）培训项目及建议。

（8）培训实施机构，其中包括师资要求（总量配置、培训教师要求）和培训场地及设备要求（理论教学条件、实操场地及实操教学设备配置要求）。

（9）培训过程管理（必备的制度与过程文档）。

（10）培训质量评估。

6.7.2 农民工职业技能培训

农民工职业教育培训中第一个层次的培训主要是职业技能类的培训，经过广泛的实证调研和分析，农民工职业技能培训汇总如下（见表6－1）：

表6－1　农民工职业技能培训汇总表

类别	内容			
行业类	按摩师	家政	月嫂	茶艺师
	保姆	色彩顾问	调酒师	程序员
	理疗师	播音主持	营养师	模特
	厨师	文秘	电工	木工

（续上表）

类别	内容			
设计类	软件测试	电子商务	摄影	室内设计
	电脑操作	模具设计	网页设计	服装设计
	动画设计	平面设计	广告设计	形象设计
服务类	手机维修	美发	演艺	礼仪
	家电维修	美容	园艺	宾馆酒店
	电梯维修	美体	针灸	餐饮服务
	汽车维修	西餐	康复护理	宠物/训兽
	运输服务	化妆	烹饪	创业
制造类	矿场采掘	机床装备	服装制作	
建筑类	建筑	装修	焊接	
农业类	种植技术	农副产品加工	渔业加工	养殖技术

6.7.3 农民工融入技能培训

农民工职业教育培训中第二个层次的培训主要是由各职业单位的具体安排而定，但主要以厂区安全生产教育、优生优育教育、卫生保健、劳动者权益保护等为主。

6.7.4 农民工综合类技能培训

农民工职业教育培训的第三个层次是综合类技能培训，主要包括管理类、企业文化、城市文化的培训等，经过统计和调研，汇总如下（见表6-2）：

表 6 - 2　农民工综合类技能培训汇总表

类别	内容			
管理技能类	管理沟通	营销管理	团队建设	电子政务
	危机管理	中层管理	领导力	成功学
	生产管理	客户服务	执行力	班组长训练
	品质管理	财务管理	品牌管理	店长培训
	项目管理	电子商务	商务礼仪	创业培训
	物流管理	企业战略	供应链	物业管理
	人力资源	销售技能		
软文化类	高层研修	会议论坛	国学	公民意识
	公开课	沙盘模拟	MBA	个人发展
	拓展训练	职业道德		

6.8　加强农民工职业教育培训的宣传教育

6.8.1　宣传农民工职业教育培训的目的

1. 理性认识职业培训的预期

农民工职业教育培训对于改善就业、提高收入、改善技能、职位升迁等都具有重要的作用，这是毋庸置疑的。现在农民工对职业培训怀有漠视的态度，其中一个重要原因是其对培训预期的模糊，其受教育的程度和认知水平无法使其相信职业教育培训能带来效益，或者说能够在较短的时间内实现收益的改善。因此，通过向农民工宣传职业培训的正面作用，有利于农民工更为全面地看待职业培训，自觉地参加职业培训，实现个人的职业发展和生活憧憬的预期。

2. 树立终身学习的职业观

一方面，随着移动互联网时代的到来，现代社会已经变成一个知识大爆炸的时代，只有树立终身学习的职业观念，才能在职场上立于不败之地；另一方面，劳动力成本的不断上升和企业自动化智能化生产的日益普及，也为劳动者提出了更高的劳动技能的要求。农民工作为一个受教育程度较低、劳动技能水平不高的群体，终身学习的观念对于他们来说显得尤为重要。否则，今天的"用工荒"可能就会变成农民工明天的"找工慌"了。

6.8.2 优化宣传农民工职业教育培训的方式

1. 建立农民工职业教育培训信息网

搭建全国范围内的农民工职业教育城乡一体化信息平台，构建农民工城市融入、就业对接、职业教育培训的一体化综合信息制度。建立政府管理与服务信息平台，政府应在劳动就业、技能培训、政策咨询等方面提供统一开放的有效信息，并将其全部纳入数据库和网络管理。建立职业教育培训信息平台，通过对不同区域、不同职业、不同等级的农民工的职业供求和劳动收入进行全面的统计与调查分析，合理设置培训专业，及时调整培训课程，真正建立起以劳动力市场需求为导向、以劳动者职业能力开发为重点的培训体系。

在国家层面，国家农业部科技教育司建立了"中国农村劳动力转移网"、国务院扶贫开发领导小组办公室建立了"民工网"等，国家部委已经率先针对农民工就业转移、职业培训、权益保障等方面进行了较为系统的信息发布。但是广州市乃至广东省到现在仍然没有关于农民工就业状况、职业培训、权益保障等相关信息的统一发布系统，这是广东农民工职业教育培训信息发布的真空地带。根据调查可知，农民工已经较为普遍地接触互联网了，而通过建立农民工职业教育培训信息网统一发布有关就业状况、职业培训、权益保障等信息，将使得这部分人能随时获得广州地区职业培训的有效信息。如广州市政府应该建立覆盖广州城乡的劳动力供求信息服务系统，摸清劳动力的受教育情况、工作经历、技能水平、求职意向等。建立企业信息平台，包括企业管理中战略的制定与选择、用工企业需要的技能人才等信息。只有这样，才能更有效地为职业教育培训提供更广泛的使用平台。

2. 加强农民工输入地与输出地的合作交流

加强农民工输入地与输出地的合作交流，借助输出地政府的地缘、组织等方面的优势，集中加强对农民工职业教育培训的宣传。作为输入地的地方政府应该加强与劳动力输出较集中的地区的联系，让农民工在输出地进行初步教育，缩短农民工适应城市和寻找工作的周期，提高用工效率。

3. 多元化、灵活的宣传方式

（1）在农民工回流和出行相对较为集中的时间、地点进行宣传。

每年春节前后都是农民工往返劳动输出地和输入地的高峰期，针对这一特定时段，加强宣传，将有事半功倍的效果。而火车站、汽车站等人流集中地区，也是进行农民工职业教育培训宣传的有利地点。

（2）在农民工较为集中的社区进行集中宣传。

在农民工聚集生活的地区，如厂区、农民工生活小社区，加强宣传也是一种有效的方式。

（3）采用咨询服务、印发资料、广播、互联网等方式进行宣传，也将有利于农民工更为广泛地接触职业教育培训的相关信息。

6.8.3 全方位地宣传农民工职业教育培训内容

1. 职业培训的作用

职业培训对于改善就业、提高收入、改善技能、职位升迁等都具有重要的作用，但是由于农民工自身认识的障碍，导致农民工对于职业培训并未形成有效需求。因此，通过形式多样的宣传教育，让农民工全面理性地认识职业培训的作用，对于改善部分农民工对职业培训的偏见和认识不足，如"不能提高收入"、"城里人的玩意儿"和"没有用"等，具有相当重要的作用。

2．劳动就业的市场状况及相关信息

劳动就业状况不仅影响农民工转移的方向，也影响农民工的职业教育培训。与此同时，职业培训也反作用于劳动力市场。因此，如果农民工能全面掌握劳动力市场的需求与供给状况，他们就能够根据市场的变化参加满足市场需要的培训。

3．培训机构、培训内容与培训效果

培训机构、培训内容以及培训效果是农民工选择培训时最需要了解的信息，只有通过各种渠道及时地披露相关信息，才能使农民工按需受训、学有所用，这也将直接影响其受训后就业的难易程度。

7 结论与不足

广州地区农民工职业教育培训不仅直接关系到广州地区农民工个人的技能发展，更直接影响广州的产业结构升级。针对农民工职业教育培训的研究，笔者分别于 2007 和 2014 年进行了两次实证调研，调研深入政府相关部门、用工单位、职业培训机构、农民工群体等，通过问卷和访谈的形式，收集了有关农民工职业教育培训的数据和资料，通过统计技术深度分析了数据的相关性。在严谨的数据分析的基础上，本研究构建了基于马斯洛需求理论之上的农民工职业教育培训需求层次理论，并论证了这一理论的逻辑关系。

7.1 研究结论

（1）我国农民工职业教育培训仍然处于初步发展阶段，农民工培训需求不旺盛，国家培训体系不完善，阳光工程取得的效果并不明显。

（2）广州地区农民工受制于收入低下、工作繁忙、学历层次不高、职业发展预期不清晰以及留城倾向不明显五个因素，农民工职业教育培训的有效需求总体表现不高。

（3）广州地区农民工的职业教育培训对于农民工的收入和职位发展具有明显的正效应，对于改善劳动技能具有一定的作用，但并不明显。

（4）政府通过确立农民工职业教育的战略地位、改革二元体制结构、完善法律法规、优化财政支出、加强宣传教育以及创新培训模式等方式，改善农民工职业教育培训的现状。

（5）农民工职业教育培训需求层次理论模型分为三个阶段，分别是生存技能培训需求、融入技能培训需求和发展技能培训需求。

7.2 研究不足与局限

1. 关于样本

鉴于研究者的时间、精力和研究经费的限制，无法在更大范围内取得更多的样本进行深入研究，虽然本研究通过深度访谈等形式作了较大的弥补，但有可能影响研究的结果。

2. 关于研究的范围

主要通过对农民工群体进行深入调研，但是涉及政府方面的资料较少，这是由于广州地区仍然没有建立起系统的农民工职业教育培训数据，使得本研究无法从政府方面得到有效的数据。

参考文献

一、专著类

1. 白南生，宋洪远. 回乡，还是进城——中国农村外出劳动力回流研究. 北京：中国财政经济出版社，2002.

2. 曹荣湘. 蒂布特模型. 北京：社会科学文献出版社，2004.

3. 国务院研究室. 中国农民工调研报告. 北京：中国言实出版社，2006.

4. 胡鞍钢，王绍光. 政府与市场. 北京：中国计划出版社，2000.

5. 蒋劲松. 责任政府新论：熔权制、分权制、监督—仲裁—保障制比较. 北京：社会科学文献出版社，2005.

6. 劳平，王则柯. 市场经济与政府责任. 北京：中国经济出版社，1999.

7. 李成威. 公共产品的需求与供给：评价与激励. 北京：中国财政经济出版社，2005.

8. 李宝元. 人本发展经济学. 北京：经济科学出版社，2006.

9. 刘思峰，党耀国，方志耕. 灰色系统理论及其应用. 北京：科学出版社，2004.

10. ［美］冯·诺伊曼，摩根斯顿. 博弈论与经济行为. 王文玉，王宇译. 北京：生活·读书·新知三联书店，2004.

11. ［美］德布拉吉·瑞. 发展经济学. 陶然等译. 北京：北京大学出版社，2002.

12. ［美］戴维·奥斯本，特德·盖布勒. 改革政府：企业家精神如何改革着公共部门. 周敦仁等译. 上海：上海译文出版社，2006.

13. ［美］大卫·N. 海曼. 财政学理论在政策中的当代应用. 张进昌译. 北京：北京大学出版社，2006.

14. ［美］坎贝尔·R. 麦克南等. 当代劳动经济学. 刘文等译. 北京：人民邮电出版社，2004.

15. ［美］加里·S. 贝克尔. 人力资本. 梁小民译. 北京：北京大学出版社，1987.

16. ［美］西奥多·W. 舒尔茨. 人力资本投资：教育和研究的作用. 蒋斌等译. 北京：商务印书馆，1990.

17. ［美］A. H. 马斯洛. 动机与人格. 许金声，程朝翔译. 北京：华夏出版社，1987.

18. 谢建社. 新产业工人阶层：社会转型中的农民工. 北京：社会科学文献出版社，2005.

19. 许彬. 公共经济学导论：以公共产品为中心的一种研究. 哈尔滨：黑龙江人民出版社，2003.

20. 于维生，朴正爱. 博弈论及其在经济管理中的应用. 北京：清华大学出版社，2005.

21. 张凤林. 人力资本理论及其应用研究. 北京：商务印书馆，2006.

二、期刊类

1. 赵耀辉. 中国农村劳动力流动及教育在其中的作用. 经济研究，1997 (2).

2. 陈蔚，刘伟民. 建立对农民工进行职业培训的长效机制. 职业技术教育，2005 (19).

3. 顾昭明，吕世辰. 中国农村富余劳动力的教育培训. 教育理论与实践，2004 (8).

4. 何景熙. 关注农民进城的无形"门槛"——农民人力资源能力建设之我见. 中国人力资源开发，2003 (3).

5. 焦斌龙. 马克思的人力资本思想. 当代经济研究，1999 (6).

6. 刘平青，姜长云. 我国农民工培训需求调查与思考. 上海经济研究，

2005（9）.

7．雷世平．特点·问题·措施——对农民工培训工作的深层次思考．理论研究，2004（3）.

8．朗佩娟．农民问题及政府责任．中国行政管理，2001（2）.

9．李传志．关于珠三角"民工荒"的思考．经济问题，2005（5）.

10．李蔬君．政府责任的逻辑前提分析．云南行政学院学报，2006（1）.

11．李湘萍．富平模式：农民工培训的制度创新．教育发展研究，2005（6）.

12．李德志．改变我国农民工弱势地位的对策思考．吉林大学社会科学学报，2005（3）.

13．刘曼抒．农民工素质全方位提高的重要意义及对策思考．社会科学战线，2005（4）.

14．秦阿琳．农民工培训：走城乡教育统筹发展之路．华东理工大学学报，2005（1）.

15．曲正伟．我国义务教育发展中的政府责任视角．湖南师范大学教育科学学报，2004（4）.

16．钱再见，高晓霞．弱势群体社会保护中政府责任的理论求证．河南师范大学学报（哲学社会科学版），2002（6）.

17．万君康，梅小安．论人力资本积累的机理及方式．科技管理研究，2005（3）.

18．魏敏．人力资本理论对农民工培训的启示．求索，2005（4）.

19．王琳．弱势群体社会支持中的政府责任．南方经济，2005（4）.

20．王书军，王素君．农民工培训中的市场失灵及对策分析．农业经济，2007（5）.

21．王伟然．政府责任的价值审视．山东大学学报（哲学版），2003（4）.

22．吴传毅．社会契约·法律契约·政府责任．行政与法，2004（11）.

23．许项发．政府在开发和转移农村人力资源中的职能．统计与决策，2004（11）.

24. 许小青，柳建华. 关于农民工教育培训问题的研究. 求实，2005（5）.

25. 阎德民. 当代中国农民工阶层特征分析. 中州学刊，2004（5）.

26. 杨锦英，尹庆双. 马克思人力思想的核心与特征. 财经科学，2005（6）.

27. 曾一昕. 论二元劳动力市场下农民工人力资本提升的制度困境. 江汉论坛，2007（1）.

28. 张胜军，陈建祥. 论基础教育的均衡发展与政府责任. 盐城工学院学报（社会科学版），2003（2）.

29. 张秀兰，徐月宾. 和谐社会与政府责任. 中国特色社会主义研究，2005（1）.

30. 赵秀玲. 关于进城农民工培训问题的思考. 中国职业技术教育，2003（24）.

31. 赵本涛，肖泽群. 农民工培训：我国人力资源开发的重大问题. 淮北煤炭师范学院学报（哲学社会科学版），2004（8）.

32. 国务院发展研究中心课题组. 农民工市民化进程的总体态势与战略取向. 改革，2011（5）.

34. 张时玲. 农民工融入城市社会的制约因素与路径分析. 特区经济，2006（6）.

35. 何军. 代际差异视角下农民工城市融入的影响因素分析——基于分位数回归方法. 中国农村经济，2011（6）.

36. 张国胜. 基于社会成本考虑的农民工市民化：一个转轨中发展大国的视角与政策选择. 中国软科学，2009（4）.

37. 王春超，吴佩勋. 产业结构调整背景下农民工流动就业决策行为的双重决定——珠江三角洲地区农民工流动就业调查研究. 经济社会体制比较，2011（5）.

38. 盛来运，王冉，阎芳. 国际金融危机对农民工流动就业的影响. 中国农村经济，2009（9）.

39. 邹农俭. 江苏沿江农民工现状调查报告. 南京师大学报（社会科学

版），2008（3）.

40．任远，陈春林．农民工收入的人力资本回报与加强对农民工的教育培训研究．复旦学报（社会科学版），2010（6）.

41．刘爱玉．城市化过程中的农民工市民化问题．中国行政管理，2012（1）.

42．熊光清．制度设定、话语建构与社会合意——对"农民工"概念的解析．中国人民大学学报，2011（5）.

43．杨晓军，陈浩．城市农民工技能培训意愿的影响因素分析．中国农村经济，2008（11）.

44．谢建社．农民工分层：中国城市化思考．广州大学学报（社会科学版），2006（10）.

45．简新华，黄锟．中国农民工最新生存状况研究——基于765名农民工调查数据的分析．人口研究，2007（11）.

46．胡豹．返乡农民工创业政策研究．企业经济，2011（11）.

47．王春超，周先波．社会资本能影响农民工收入吗？——基于有序响应收入模型的估计和检验．管理世界，2013（9）.

48．张春泥，刘林平．网络的差异性和求职效果——农民工利用关系求职的效果研究．社会学研究，2008（4）.

49．朱明芬．农民工职业转移特征与影响因素探讨．中国农村经济，2007（6）.

50．庄飞能．农民工公共文化服务模式的转型与重构——基于武汉市农民工及北京工友之家文化发展中心的调查．华中农业大学学报（社会科学版），2013（2）.

51．段学芬．农民工的城市生活资本与农民工的市民化．大连理工大学学报（社会科学版），2007（9）.

52．许丽明．制度建构与农民工身份认同问题研究——从制度建构层面解构农民工身份问题．特区经济，2011（5）.

53．余章宝，杨淑娣．我国农民工维权KMU现状及困境——以珠三角地区为例. 东南学术，2011（1）.

54. 陆林. 融入与排斥的两难：农民工入城的困境分析. 西南大学学报（社会科学版），2007（11）.

55. 胡桂兰，邓朝晖，蒋雪清. 农民工市民化成本效益分析. 农业经济问题，2013（5）.

56. 黄祖辉，刘雅萍. 农民工就业代际差异研究——基于杭州市浙江籍农民工就业状况调查. 农业经济问题，2008（10）.

57. 李强，龙文进. 农民工留城与返乡意愿的影响因素分析. 中国农村经济，2009（2）.

58. 新生代农民工基本情况研究课题组. 新生代农民工的数量、结构和特点. 数据，2011（4）.

59. 金萍. 新生代农民工城市融入现状分析及对策研究——基于对武汉市两代农民工的调查. 学习与实践，2010（4）.

60. 杨舸，孙磊. 从"民工慌"到"民工荒"——后金融危机时代对农民工就业问题的反思. 中国青年研究，2010（1）.

61. 姚俊. 流动就业类型与农民工工资收入——来自长三角制造业的经验数据. 中国农村经济，2010（11）.

62. 张晖，何文炯. 进城、流动与保障——农民工社会保障问题研究综述. 浙江大学学报（人文社会科学版），2007（3）.

63. 韩俊，汪志洪，崔传义等. 中国农民工现状及其发展趋势总报告. 改革，2009（2）.

64. 万向东. 农民工非正式就业的进入条件与效果. 管理世界，2008（1）.

65. 杨晓军. 农民工对经济增长贡献与成果分享. 中国人口科学，2012（6）.

66. 徐增阳，古琴. 农民工市民化：政府责任与公共服务创新. 华南师范大学学报（社会科学版），2010（1）.

67. 谢勇. 基于人力资本和社会资本视角的农民工就业境况研究——以南京市为例. 中国农村观察，2009（5）.

68. 何美金，郑英隆. 农民工的形态演变：基于中国工业化进程长期性的研究. 学术研究，2007（11）.

69. 李培林，李炜. 近年来农民工的经济状况和社会态度. 中国社会科学，2010（1）.

70. 钱文荣，卢海阳. 农民工人力资本与工资关系的性别差异及户籍地差异. 中国农村经济，2012（8）.

71. 陈旭峰，田志锋，钱民辉. 社会融入状况对农民工组织化的影响研究. 中国人民大学学报，2011（1）.

72. 周桂林. 社会资本与求职：大学生与农民工之比较. 学术交流，2007（3）.

73. 朱红根，康兰媛，翁贞林，刘小春. 劳动力输出大省农民工返乡创业意愿影响因素的实证分析——基于江西省1145个返乡农民工的调查数据. 中国农村观察，2010（5）.

74. 叶静怡，衣光春. 农民工社会资本与经济地位之获得——基于北京市农民工样本的研究. 学习与探索，2010（1）.

75. 刘万霞. 职业教育对农民工就业的影响——基于对全国农民工调查的实证分析. 管理世界，2013（5）.

76. 金华宝. 农民工闲暇生活的教育诉求——兼论新型农民工的培育. 探索，2008（5）.

77. 胡娇，洪俊. 农民工培训的原则及路径探索——基于长三角地区农民工的调查分析. 东北师大学报（哲学社会科学版），2007（5）.

78. 韩俊，汪志洪，崔传义等. 农民工融入城市的制度创新及其政策建议. 改革，2010（10）.

79. 王建平，谭金海. 农民工市民化：宏观态势、现实困境与政策重点. 农村经济，2012（2）.

80. 黄小妹，张泉水，夏莉，邓秀良，蔡翠兰，唐建军，苏海云. 深圳市1390名新生代农民工的心理压力调查. 当代医学，2012（3）.

81. 华迎放. 农民工社会保障新阶段的政策建议. 中国劳动，2011（11）.

82. 周蕾，谢勇，李放. 农民工城镇化的分层路径：基于意愿与能力匹配的研究. 中国农村经济，2012（9）.

83. 黄乾. 农民工培训需求影响因素的实证研究. 财贸研究，2008（4）.

84. 许传新. 农民工的进城方式与职业流动——两代农民工的比较分析. 青年研究，2010（3）.

85. 梁宏，任焰. 流动，还是留守？——农民工子女流动与否的决定因素分析. 人口研究，2010（3）.

86. 何筠，徐冬梅，吴学平，余昕，袁锐. 中部地区农民工培训问题研究. 南昌大学学报（人文社会科学版），2007（11）.

87. 姚上海. 中国农民工政策的回顾与思考. 中南民族大学学报（人文社会科学版），2009（5）.

88. 刘传江，程建林. 农民工医疗需求、供给与制度创新. 江西财经大学学报，2008（1）.

89. 郭聪惠. 城市化进程中农民工城市归属感问题探微. 兰州学刊，2008（9）.

90. 吕晓兰，姚先国. 农民工职业流动类型与收入效应的性别差异分析. 经济学家，2013（6）.

91. 刘万霞. 我国农民工教育收益率的实证研究——职业教育对农民收入的影响分析. 农业技术经济，2011（5）.

92. 黄锟. 深化户籍制度改革与农民工市民化. 城市发展研究，2009（2）.

93. 李强. 为什么农民工"有技术无地位"——技术工人转向中间阶层社会结构的战略探索. 江苏社会科学，2010（6）.

94. 张慧. 农民工就业歧视问题分析. 上海经济研究，2005（10）.

95. 谢建社，黎明泽. 农民工教育研究综述. 学习与实践，2007（4）.

96. 陈昭玖，艾勇波，邓莹，朱红根. 新生代农民工就业稳定性及其影响因素的实证分析. 江西农业大学学报（社会科学版），2001（3）.

附　录

附录一　广州地区外来务工人员职业培训访谈问卷

一、引入访谈

您好！这是一项关于广州地区外来务工朋友职业培训与政府责任的研究，目的在于了解务工朋友们职业培训的现状和影响因素，探讨改善职业技能、提高实际收入的有效路径。

本问卷采用匿名方式，所有问卷都会被严格保存，所得数据仅作为研究之用。希望各位务工朋友根据自身的实际情况和想法作出回答，你们的回答将是我们研究的重要依据。

二、访谈主体

1. 开放式访谈

受访者对自身的职业培训状况作概述。

2. 关键事件访谈

受访者详细叙述一两件有关职业培训的事项。

3. 结构化访谈

（1）您觉得您是否需要接受职业培训，如果不需要，为什么？

（2）您觉得现在的政府、企业和社会培训机构提供的职业培训如何？

（3）您觉得您需要接受哪方面的培训？

三、访谈结束

谢谢您接受我们的访谈！希望您工作顺利，阖家幸福！

附录二　广州地区外来务工人员职业培训调查问卷

您好！这是一项关于广州地区外来务工朋友职业培训与政府责任的研究，目的在于了解务工朋友们职业培训的现状和影响因素，探讨改善职业技能、提高实际收入的有效路径。

本问卷采用匿名方式，所有问卷都会被严格保存，所得数据仅作为研究之用。希望各位务工朋友根据自身的实际情况和想法作出回答，你们的回答将是我们研究的重要依据。

非常感谢您的支持与合作！

基本情况	
性别	A. 男　　　　B. 女
年龄	
婚姻状况	A. 已婚　　B. 未婚
文化程度	A. 文盲　　B. 小学　　C. 初中　　D. 高中、中专　　E. 大专以上
籍贯	
工作地点	A. 越秀区　　B. 白云区　　C. 海珠区　　D. 荔湾区　　E. 天河区 F. 南沙区　　G. 黄埔区　　H. 萝岗区　　I. 花都区　　J. 番禺区 K. 从化市　　L. 增城市

1. 你进城打工有多长时间了？（　　　）

A. 不足一年　　　　　　　　B. 1～5 年

C. 6～10 年　　　　　　　　D. 10 年以上

2. 你现在的收入水平：（　　　）

A. 1 000～1 500 元　　　　　B. 1 500～2 000 元

C. 2 000～2 500 元　　　　　D. 2 500～3 000 元

E. 3 000 元以上

3. 你出来打工的原因是（可多选）？（　　　）

A. 挣钱　　　　　　　　　B. 学点技术

C. 见见世面　　　　　　　D. 成为城市人

E. 村里人都出来了，我也出来

4. 你平时的娱乐消遣活动有哪些（可多选）？（　　　）

A. 看书籍杂志　　　　　　B. 上网

C. 看电视　　　　　　　　D. 和老乡工友喝酒聊天

E. 睡觉　　　　　　　　　F. 逛街

G. 微信　　　　　　　　　H. _____

5. 你是否准备以后都留在城市生活？（　　　）

A. 长期留在城市　　　　　B. 过几年回家

C. 暂时没打算

6. 你是否适应城市的生活？（　　　）

A. 非常适应　　　　　　　B. 适应

C. 一般　　　　　　　　　D. 完全不适应

7. 你是否希望和城市人打交道做朋友？（　　　）

A. 非常希望　　　　　　　B. 希望

C. 一般　　　　　　　　　D. 完全不希望

8. 你现在从事何种工作（可多选）？（　　　）

A. 保安　　　　　　　　　B. 建筑工人

C. 车间工人　　　　　　　D. 家政服务

E. 搬运工人　　　　　　　F. 厨师

G. 修理工　　　　　　　　H. 清洁工

I. 杂工　　　　　　　　　J. 服务员

K. 运输　　　　　　　　　L. _____

9. 你现在从事的工作难度：（　　　）

A. 纯粹的体力活　　　　　B. 比较简单

C. 有一定的技术要求　　　D. 比较专业

10. 你现在工作的职位是：（   ）

A. 基层工人或者服务人员　　　B. 一般的工头，班组长

C. 管理人员

11. 你曾经从事过何种工作（可多选）？（   ）

A. 保安　　　　　　　　　　　B. 建筑工人

C. 车间工人　　　　　　　　　D. 家政服务

E. 搬运工人　　　　　　　　　F. 厨师

G. 修理工　　　　　　　　　　H. 清洁工

I. 杂工　　　　　　　　　　　J. 服务员

K. 运输　　　　　　　　　　　L. _____

12. 你刚进城时的第一份工作是：（   ）

A. 保安　　　　　　　　　　　B. 建筑工人

C. 车间工人　　　　　　　　　D. 家政服务

E. 搬运工人　　　　　　　　　F. 厨师

G. 修理工　　　　　　　　　　H. 清洁工

I. 杂工　　　　　　　　　　　J. 服务员

K. 运输　　　　　　　　　　　L. _____

13. 你刚进城时的第一份工作的难度是：（   ）

A. 纯粹的体力活　　　　　　　B. 比较简单

C. 有一定的技术要求　　　　　D. 比较专业

14. 你对将来的工作期望是：（   ）

A. 回农村当农民　　　　　　　B. 成为一名受尊敬的技术人员

C. 企业或者工厂的管理者　　　D. 自己当老板

E. 无所谓　　　　　　　　　　F. 回老家城市

15. 你是否接受过企业或者政府组织的培训？（   ）

A. 经常接受培训　　　　　　　B. 偶尔培训一下

C. 从来没有

16. 你每份工作之前一般接受过多长时间的培训？（   ）

A. 2 个月以上　　　　　　B. 1～2 个月

C. 15 天　　　　　　　　D. 7 天以下

E. 边干边学

17. 你接受过何种培训（可多选）？（　　）

A. 职业技术　　　　　　B. 安全保障知识

C. 劳动权益保障　　　　D. 法律常识

E. 科学文化知识　　　　F. 管理技能（财务等）

G. 规章制度　　　　　　H. 职业道德

I. 软文化（市民意识、企业文化等）

J. 没有接受任何培训

18. 你参加过何种方式的职业培训（可多选）？（　　）

A. 自学　　　　　　　　B. 当学徒工

C. 企业专门培训　　　　D. 社会培训机构提供的付费培训

E. 政府组织的培训　　　F. 没有接受任何培训

G. _____

19. 你找工作是否会遇到学历文化的要求？（　　）

A. 经常　　　　　　　　B. 偶尔

C. 不会

20. 你找工作是否存在因为缺乏技能而被拒绝录用？（　　）

A. 经常　　　　　　　　B. 偶尔

C. 不会

21. 一般你从事一份工作的时间长短：（　　）

A. 临工　　　　　　　　B. 3 个月

C. 半年　　　　　　　　D. 一年

E. 两年　　　　　　　　F. 3 年以上

22. 你是否能够熟练掌握工作需要的技能？（　　）

A. 非常熟练　　　　　　B. 熟练

C. 一般　　　　　　　　D. 生疏

23. 你接受培训的实际效果如何（请在相应的表格里打钩）？

培训方式	非常有用	有用	一般	完全没用
自学				
当学徒工				
企业专门培训				
政府组织的培训				
培训机构提供的付费培训				
其他				

24. 你觉得你是否需要参加职业培训？（   ）

A. 非常需要   B. 需要

C. 一般   D. 没有必要

25. 你认为哪些因素制约你参加培训（可多选）？（   ）

A. 没钱   B. 工种不需要

C. 城里人的玩意儿   D. 没有作用

E. 没时间   F. 不能提高收入

G. 地点太远了不方便 H. 不知道

I. _____

26. 你觉得你需要接受职业培训的内容是哪些（可多选）？（   ）

A. 职业技术   B. 安全保障知识

C. 劳动权益保障   D. 法律常识

E. 科学文化知识   F. 管理技能（财务等）

G. 规章制度   H. 职业道德

I. 软文化（市民意识、企业文化等）

27. 如果让你选择，你会选择参加哪些职业领域的培训（可多选）？（   ）

A. 家政服务   B. 餐饮

C. 酒店   D. 美容保健

E. 保安   E. 建筑工程

F. 修理制造   G. 电脑技术

H. 厨师   I. 驾驶技术

J. 管理技能（财务管理、市场营销等）

K. _____

28. 如果你接受职业培训后，你希望哪些情况能改变（可多选）？（　　　）

A. 提高收入   B. 改变工种

C. 改善工作环境   D. 提高劳动技能和效率

E. 升职发展   F. 融入城市，得到社会尊重

29. 如果职业培训需要收费，你是否愿意参加？（　　　）

A. 能学到有用技能，愿意花钱   B. 想参加有用的培训，但是没钱

C. 便宜的参加   D. 看多少钱

E. 要钱的都不参加   F. 免费的才会参加

30. 你认为政府、企业、个人的比例应该是多少？

付费单位	大部分	小部分	不需要
政府			
企业			
务工人员			

再次感谢您对本次调查研究的支持与合作！

后　记

十年前，笔者开始关注农民工职业教育培训领域的研究与实践，经过多年的实践调查和理论研究，对该领域逐渐有了一定的认识和了解。在本研究中，笔者结合当前经济发展方式转变、产业结构调整、技术革新加快、劳动力供需再平衡等新的历史发展情况，采用问卷调查法、实证分析法、定量与定性分析法等研究方法，对开展农民工职业教育培训的背景、意义、影响、效应以及对策进行了深入细致的研究与论述。本书的出版，希望可以对当前社会经济形势下"人口红利"向"人才红利"的战略性转化发挥一定的借鉴价值和积极影响。

在本书即将付梓之际，感谢暨南大学出版社对本书编辑出版的大力支持，感谢李招忠教授在农民工职业教育培训领域对我的研究的指导和帮助，感谢研究项目组的同学们对本书的付出，更感谢家人对我追求事业的包容与支持。

既然选择了远方，便只顾风雨兼程。成绩属于过去，明天又是新的起点。我将满怀师恩、友爱和亲情，不断前行。

凌子山

2015 年 4 月

图书在版编目（CIP）数据

农民工职业教育培训研究/凌子山著. —广州：暨南大学出版社，2015. 6
ISBN 978 - 7 - 5668 - 1443 - 2

Ⅰ. ①农…　Ⅱ. ①凌…　Ⅲ. ①民工—职业 培训—研究—中国
Ⅳ. ①D442. 6

中国版本图书馆 CIP 数据核字（2015）第 119285 号

出版发行：暨南大学出版社

地　　址：中国广州暨南大学
电　　话：总编室（8620）85221601
　　　　　营销部（8620）85225284　85228291　85228292（邮购）
传　　真：（8620）85221583（办公室）　85223774（营销部）
邮　　编：510630
网　　址：http：//www. jnupress. com　http：//press. jnu. edu. cn

排　　版：广州联图广告有限公司
印　　刷：深圳市新联美术印刷有限公司

开　　本：787mm×1092mm　1/16
印　　张：9. 75
字　　数：155 千
版　　次：2015 年 6 月第 1 版
印　　次：2015 年 6 月第 1 次

定　　价：26. 00 元

（暨大版图书如有印装质量问题，请与出版社总编室联系调换）